U0787108

本书由2019年北京高等教育“本科教学改革创新项目”重大项目“新时代高校劳动教育实施体系建构”（项目编号：201912453002）和2020年教育部教育教学改革专项项目–特色项目–学科带头人工作室建设项目（项目编号：JYJG202031）提供支持。

新时代劳动教育的学科重构与大数据分析

任国友　著

科学出版社

北　京

内 容 简 介

当前，劳动科学已然成为新时代显学，成为国民教育体系的重要内容。本书以劳动+学科为研究对象，在新时代的视角下探讨了劳动教育的学科属性与基本特征。基于大数据分析了劳动+学科的知识图谱，从劳动教育提出背景、学科定位以及劳动+学科的知识图谱演化规律、知名学者和研究机构排行等方面揭示了中国劳动+学科发展趋势和显学特征。从基础性、发展性和创新性三个维度，系统考察了制约劳动教育的关键因素及其相互关系，提出并建立了新时代劳动教育督导评价指标体系，进而给出强化新时代劳动教育的本土化路径。

本书既可供从事劳动教育、教育学等研究人员、大中小学德育工作者参考，也可作为课外读物供高等学校 MPA（公共管理硕士）、劳动教育等相关专业学生使用。

图书在版编目(CIP)数据

新时代劳动教育的学科重构与大数据分析 / 任国友著 .—北京：科学出版社，2021. 7

ISBN 978-7-03-069391-4

Ⅰ. ①新… Ⅱ. ①任… Ⅲ. ①劳动教育-研究 Ⅳ. ①G40-015

中国版本图书馆 CIP 数据核字（2021）第 142537 号

责任编辑：李晓娟 / 责任校对：樊雅琼

责任印制：吴兆东 / 封面设计：无极书装

科学出版社 出版

北京东黄城根北街 16 号

邮政编码：100717

http://www.sciencep.com

北京九州迅驰传媒文化有限公司印刷

科学出版社发行 各地新华书店经销

*

2021 年 7 月第 一 版 开本：720×1000 1/16

2024 年 5 月第三次印刷 印张：13 1/2

字数：300 000

定价：138. 00 元

（如有印装质量问题，我社负责调换）

新时代劳动教育彰显了“劳动+”学科的显学特征

2018 年 9 月 10 日，习近平总书记在全国教育大会上指出，培育德智体美劳全面发展的社会主义建设者和接班人。习近平关于劳动教育的重要论述为新时代全面加强劳动教育学科建设指明了方向。2020 年 3 月，中共中央国务院印发《关于全面加强新时代大中小学劳动教育的意见》（以下简称《意见》)。2020 年 7 月，教育部发布《大中小学劳动教育指导纲要（试行)》（以下简称《纲要》)。《意见》《纲要》是贯彻落实习近平总书记关于劳动教育的重要论述、扎实推进新时代劳动教育事业的纲领性文件，成为推动高校劳动教育学科发展的行动指南。

马克思主义劳动观认为，劳动作为人的第一需要，是人类社会赖以产生、存在和发展的基础。劳动是人类特有的存在方式，人类的劳动是有意识、有目的进行的改造客观世界的活动。劳动不仅创造人本身，不仅生产物质生产资料和生活资料，同时也在生产人类的一切社会关系，劳动是人类社会存在的基础。同时，人类自从出现了社会分工以来，以劳动为对象的社会分工与协作、劳动组织与管理等部门也相继出现，劳动不再是单纯的人的体力或脑力的支出，而是有组织、有分工、有协作的，具有复杂关系和形态、内部构造细密的人类社会生产系统。从马克思主义上述的观点出发，我们也不难发现，人类社会中实际上已经形成了一个以劳动问题为核心的社会关系系统，衍生出与现有的哲学、自然科学、人文社会科学等具体学科相互交叉的、各具特色的劳动科学。2009 年 11 月，部分学者曾在中国人民大学召开“劳动科学一级学科专家认证会”，一致认为，劳动科学作为一级学科的基本条件已经具备。十年后的 2019 年 4 月，劳动经济学会在池州召开“第三届劳动经济学学科建设研讨会”，与会学者也从学理上提出，劳动科学正日益成为我国社会主义新时代的显学。

2016 年 5 月，我从中国人民大学调入中国劳动关系学院之初，就发现这所高校规模虽然不大，但其学科专业很有特色，我将其概括为“劳动+”、“工会+”。就是说，学校的本科专业中有 70% 以上都是跟劳动科学、工会有关的，比如劳动关系、劳动法与社会保障法学、劳动与社会保障、经济学（劳动经济学方向)、安全工程（劳动保护)、人力资源管理、政治学与行政学、公共事业管理、行政管理、工商管理、社会工作等等，后来我们又将劳动经济学方向建成了劳动经济学专业、新增了社会学（劳动社会学）本科专业和全国第一个职业卫生工程本科专业，“劳动+”学科更强了，学校的办学特色更鲜明了。2018 年 4 月 30 日，习近平总书记给中国劳动关系学院劳模本科班学员亲切回信，我校全体师生员工倍受鼓舞、倍感振奋。而随着全国教育大会将“劳动教育”纳入国家教育方针，“劳动+”学科的显学地位在中国劳动关系学院得到了进一步强化，正在为新时代劳动科学地位的提升创造一个实践样本。

我认为，劳动教育对“劳动+”学科地位的提升，很大程度上是由新时代劳动教育的目的决定的。劳动教育不仅是促进人的全面发展的重要途径，是“通过劳动的教育”，更有助于培养学生正确的劳动观念，勤俭、奋斗、创新、奉献的劳动精神，必备的劳动知识和技能，良好的劳动习惯和品质等等，具有独特的育人价值。因此，劳动教育又是“关于劳动的教育”。特别是大学的劳动教育，不仅要让学生爱劳动、会劳动，更要让学生懂劳动，要“明劳动之理”，深入理解劳动的本质规定、劳动的创造价值、劳动的普遍意义、与劳动有关的基本知识基本原理，由衷认可并懂得劳动最光荣、劳动最崇高、劳动最伟大、劳动最美丽的道理。因此，大学劳动教育必须重视系统的劳动科学知识的学习，对劳动哲学、劳动伦理、劳动法律、劳动关系、劳动经济、劳动与社会保障、安全劳动、体面劳动和可持续劳动等问题有准确的把握。因此，中国劳动关系学院劳动教育的系统建构和全面实施，都是以爱劳动、会劳动、懂劳动为原则，以提升“劳动+”学科的地位为支撑展开的。

在这样举校重视劳动教育、推进“劳动+”学科建设的大背景下，安全工程学院任国友教授科研团队开启了“劳动+大数据分析”的探索之路。四年来，任国友教授与石晶副教授、杨鑫刚博士通过科研攻关，数据采集，图谱分析，反复讨论，数易其稿，完成了这本《新时代劳动教育的学科重构与大数据分析》学术专著。当我翻开阅读时，劳动+学科知识图谱的大数据分析技术跃然呈现在我的眼前，结合多年从事高等教育管理和劳动教育教学研究的体会，我认为该专著有以下鲜明特色：第一，紧扣《意见》《纲要》精神，重构了新时代劳动教育新学科，以马克思主义劳动观为指引，依据中国图书分类法（CLC）劳动科学（C97）学科下的二级学科划分标准，以“劳动+”学科为研究对象，在大数据分析的基础上重构了劳动教育的学科属性与基本特征。第二，应用知识图谱大数据技术，科学印证了“劳动+”学科显学之说，使用 CiteSpace 软件，提炼了 11 个“劳动+”二级学科的知识图谱，提出了“劳动+”学科的大数据可视化分析方法，从权威机构、核心文献、基金引用三个维度，充分展现了“劳动+”学科的显学特征，实现了劳动教育学科的大数据基础研究。第三，凸显科研团队攻坚克难的劳动情怀，引领劳动教育技术研究。2017 年 2 月 13 日，中国劳动关系学院将“劳动情怀深厚”的高素质应用型人才培养目标写入《中国劳动关系学院“十三五”发展规划》，“劳动情怀深厚”的人才培养理念深深扎根于广大教师的教学科研实践中，在任国友教授团队的科研攻关中，这一点体现得尤为突出。

站在两个一百年的伟大征程上，劳动教育方兴未艾，劳动科学已然成为新时代显学，成为国民教育体系的重要内容。而多学科前沿技术的广泛应用，也已成为劳动教育、劳动科学发展的新动力。我们有理由期待，有更多劳动教育的专著问世，有更多劳动科学的成果发布，有更多劳动教育的实践经验立德树人、惠达学子、造福社会。

是为序。

刘向兵

2021 年 5 月 18 日于北京增光路

目　　录

新时代劳动教育彰显了“劳动+”学科的显学特征

第1章　导论：劳动科学视域下的新时代劳动教育

1.1　新时代劳动教育的提出背景

劳动不仅仅是谋生的手段，而且本身成为生活的第一需要，劳动教育的核心是使劳动者自身变得更好（娄雨，2020），新时代劳动教育成为培养德智体美劳全面发展的社会主义建设者和接班人的重要组成部分。中共中央总书记、国家主席、中央军委主席习近平在2018年全国教育大会上提出，要在学生中弘扬劳动精神，教育引导学生崇尚劳动、尊重劳动，懂得劳动最光荣、劳动最崇高、劳动最伟大、劳动最美丽的道理，长大后能够辛勤劳动、诚实劳动、创造性劳动。习近平总书记论述的劳动教育内容在教育史上具有重要的战略意义（卓晴君，2019）。如何在劳动学科下具体贯彻落实习近平总书记在全国教育大会上关于劳动教育的讲话精神既是一个理论课题，又是一个时代课题。因此，加强新时代劳动教育的学科重构具有重要的现实意义和理论价值（徐茂华和周梨洪，2019）。

1.1.1　新时代劳动教育的研究现状

新中国成立70多年以来，劳动教育得到了学术界的持续关注。鲍忠良（2013）探讨了社会劳动教育；廖婷（2018）探讨了劳动教育课程改革；王坤等（2019）提出了新中国成立以来劳动教育研究的时间轴，即分为四个阶段：学习过渡阶段（1949～1959年）、偏离正轨阶段（1960～1978年）、崭新发展阶段（1978～2000年）、丰富深化阶段（2010～2019年）。本研究将劳动教育分为传统劳动教育和新时代劳动教育两个主要阶段分析。

1）传统劳动教育。在我国教育发展史上，劳动教育不是一个新话题，但在时代更迭变化中，劳动教育理应根据时代的变化作出相应的调整（孙瑞芳，2019）。檀传宝（2018）认为改革开放以来，我国教育事业取得了举世瞩目的进步，但也存在劳动教育的短板。赵荣辉（2012）认为在现实的教育情境中，劳动教育的本义遭到扭曲，成为学校获得经济利益的工具、惩罚的手段以及规训的方式，这是劳动教育弱化、淡化、虚无化的体现。朱桃英（2003）认为中小学生缺乏正确的劳动观念，缺乏实际动手能力和生活自理能力，使其出现人格方面的缺失。鲍忠良（2013）认为劳动教育的基本任务是在教育过程中培养学生热爱劳动和热爱劳动人民的良好思想品德，帮助学生掌握基本的劳动技能。何云峰和宗爱东（2019）发现中小学劳动与技术课程经常被占用，师资、场地、经费缺乏，忽视劳动观念和劳动习惯的培养。李作林（2019）认为学校应加强对劳动教育内涵的深入理解，强化劳动教育在基础教育阶段的重要作用。胡倩云（2019）认为应重视劳动在学生情感形成中的重要作用。同时何云峰和宗爱东（2019）认为中小学应有效强化劳动教育，提升学生劳动素养，使学生形成良好的劳动态度和习惯，以及拥有一定的职业和劳动技能。总之，传统劳动教育在特定的历史时期，既彰显了劳动与生产结合培养学生一定的劳动技能的重要作用，也暴露出其在劳动价值观培养方面的不足。

2）新时代劳动教育。新中国成立 70 多年来，党和国家遵循教育方针与时俱进的规律，不断发展完善对“劳动”以及“劳动教育”的界定和阐述，经历了一个逐步深化认知和丰富发展的过程。习近平总书记在 2018 年全国教育大会上的重要讲话中指出，培养德智体美劳全面发展的社会主义建设者和接班人。卓晴君（2019）认为习近平总书记自党的十八大以来多次论述的以及在其他时间和场合论述的劳动教育内容，构成了含有劳动教育的重要地位、目的任务、主要内容、途径方法等多层面的丰富的习近平劳动教育思想，在教育史上具有重要的战略意义。徐茂华和周梨洪（2019）认为加强青年学生劳动教育，对于发展马克思主义劳动观理论，培养社会主义劳动者，促进青年学生健康成长具有重要的现实意义。黄燕（2019）认为新时代劳动精神发展了马克思主义劳动价值观的思想精髓，体现了广大劳动者劳动实践的丰硕成果，继承了中华传统文化的优秀基因，生动诠释了社会主义核心价值观，在劳动人格、劳动权利、劳动使命、劳动实践、劳动成就等方面蕴含着丰富内涵。王洪泠和李明胜（2019）提出新时代劳动教育的五大功能，即以劳树德，以劳增智，以劳育美，以劳强体，以劳创新，以及新时代劳动教育的课程建构。李习文等（2019）认为以劳育人在高校立德树人中的合理性。王英伟和陈凡（2019）认为技术求善，艺术求美，可以形成以劳育美。李旭芳（2019）提出新时代高职艺术院校劳动教育的内涵及特征。赵伟（2019）认为职业教育的劳动教育要与生产实践和专业发展结合起来。李丹（2019）认为实现了五育并举的内在统一性，成为加强高校劳动教育的实践逻辑。黄玉芬（2019）认为优质、高效的劳动教育需要学校与家庭凝聚合力，构建双向互动、通力协作的劳动共育模式。班建武（2019）认为在新时代背景下，提高劳动教育的实效性，需要准确把握劳动教育的内涵特征。徐海娇（2019）认为，人工智能时代在促进个体生活现代化的同时，也带来了私人生活公共化、个体意义碎片化和人际关系陌生化的危机与挑战。如何超越技术理性中物的尺度，实现生活活动合规律性与合目的性的统一，就成为人工智能时代劳动教育发展的必然要求。

1.1.2 新时代劳动教育的学科定位

2018 年 9 月 10 日，习近平总书记在全国教育大会上发表的重要讲话提出，培养德智体美劳全面发展的社会主义建设者和接班人。这将劳动教育提升为国民教育体系的重要组成部分（刘向兵，2019），标志着新时代劳动教育的提出。“劳动科学”这一学科，在我国的发展历史悠久，同时在高等教育界有极高的关注度。学科是以一定的共性的客体为研究对象而形成的相对独立的知识体系或分支（朱茂林，2007）。新中国成立 70 多年来，我国高等学校本科教育专业设置了 14 个学科门类，至今还没有劳动科学一级学科。2010 年，赵健杰首次给出了劳动科学一级学科的概念，即劳动科学是指以人类劳动实践作为总的研究对象，以劳动者在劳动过程中产生的劳动问题以及与劳动问题相关的一切自然和社会关系及其调整问题作为研究内容，而形成的具有内在联系和分布规律的学科群。劳动经济学、劳动法学、劳动关系学等具体劳动学科成为构成劳动科学一级学科的基本要素，而劳动科学也成为具体劳动学科形态的统一体。2016 年，在制定《中国劳动关系学院“十三五”发展规划》的调研过程，刘向兵校长结合学校的劳动特色本科优势专业及工会领域的科研特色提出了“劳动+”和“工会+”的学科建设规划思路，第一次明确了“劳动+学科”的大科学命题（陈虹和杨俊青，2017），从理论上探讨了支撑劳动教育国家战略实施的劳动+学科发展规律。

1.2 新时代劳动教育的发展趋势

1.2.1 数据来源与分析方法

（1）数据来源

劳动教育研究分析的数据来源于历年来有关于劳动教育研究发表的论文。数据文献从中国知网（CNKI）上下载。在 CNKI 上以劳动教育为主题，兼含技术教育、评估教育、素质教育、职业教育、生产教育、家庭教育、思想政治教育等关键词。时间是 1949 年 10 月 1 日～2019 年 10 月 1 日，剔除其中的教学改革、无作者的通信、会议通知和卷首语、书籍介绍等非学术论文数据。检索出符合要求的文献，再成批量（500 篇文献一批）进行作者、机构的下载和导出，并将数据保存为 Refworks 格式，建立劳动教育数据库。

图 1-1 表明，劳动教育研究文献主要集中在 1980 ~ 2019 年，在传统劳动教育阶段（1949 ~ 2017 年），2000 年达到最大值 428 篇，而新时代劳动教育阶段（2018 年至今），呈现新的快速发展趋势。

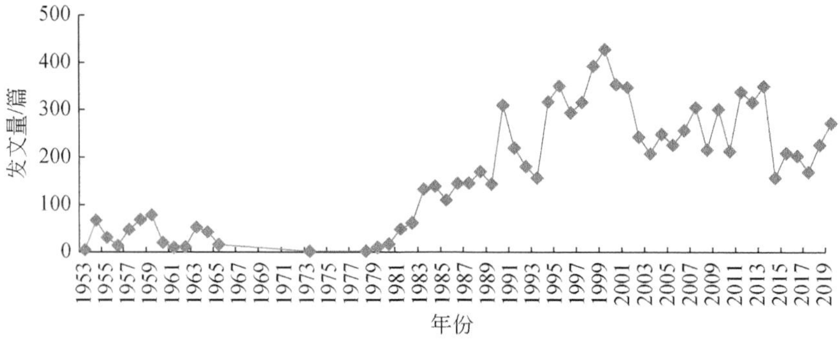

图 1-1　1949 ~ 2019 年劳动教育研究发文量统计

（2）数据分析方法

对数据处理和分析，使用知识图谱分析工具 CiteSpace 进行分析。通过 CiteSpace 软件对来自 CNKI 的数据，如作者、单位、关键词、年份进行可视化强度分析，并对由软件生成的图进行直观性地分析。对于数据，首先是在 CNKI 上搜索符合各个关键词要求的相关论文，导出论文的简介、作者、单位、发文时间等信息，再将各个关键词数据库合并到一起导入 CiteSpace 软件中。导出作者和单位的分析图，经过对得出节点的整理，可显著分析出各节点①之间的顺序与关联。

1.2.2　数据结果与可视化分析

本研究以“劳动教育”为搜索主线，同时为了获得更全面的数据，使用“劳动+评估教育”“劳动+素质教育”“劳动+生产教育”“劳动+技术教育”“劳动+家庭教育”“劳动+思想政治教育”为二级词汇进行检索，最终获得有效期刊文献 9724 条，硕博士论文 1648 条。将所得文献作为数据来源，使用 CiteSpace 软

① 所谓节点就是数据对于不同关键词、不同作者、不同单位的分类，各节点之间又有连线关系，说明各节点之间并非相互独立而是互相关联。

件对所得数据进行关键词、作者和机构以及硕博士论文主题热点四个方面的发展趋势的分析。

（1） 主题整体分布与演化

如图 1-2 所示，在 1949 ~ 2019 年的数据中，人们在研究劳动教育这一主题过程中，所检索的关键词排名前 10 的为：劳动（频次 1022）、劳动教育（频次 791）、学校（频次 727）、思想政治教育（频次 574）、素质教育（频次 465）、劳动技术教育（频次 407）、教育与生产劳动相结合（频次 343）、学堂（频次 308）、职业技术教育（频次 289）、生产力（频次 267）。其中，最为关注的内容为劳动和劳动教育，见表 1-1。

图 1-2 劳动教育研究中的关键词图谱（1949 ~ 2019 年）

表 1-1 劳动教育发文量前 10 的关键词（1949 ~ 2019 年）

序号	频次	中介中心性	关键词
1	1022	0.55	劳动
2	791	0.36	劳动教育
3	727	0.22	学校
4	574	0.11	思想政治教育
5	465	0.09	素质教育
6	407	0.13	劳动技术教育
7	343	0.16	教育与生产劳动相结合

续表

序号	频次	中介中心性	关键词
8	308	0.09	学堂
9	289	0.06	职业技术教育
10	267	0.01	生产力

从图 1-2 中可以了解到，学者们对于劳动教育的研究可以分为 9 个板块，#0 ~ #4 板块是几十年来劳动教育的传统研究方向。2018 年全国教育大会召开，劳动教育对人才培养的重要性逐渐被人们重视，学者们关注的不仅仅是停留在以前劳动教育的本质研究上，怎样通过新的劳动教育方式培养一批思想政治素养过硬且具有劳模精神、工匠精神的社会主义接班人也成了学者们研究的热点，进而#5 ~ #8 板块的节点逐渐增多，体现出所对应研究主题的重要性。图谱中#9“人工智能”版块目前虽没有太多文献涉足，但能预见随着“互联网+”和“人工智能”技术不断深化，“人工智能”将会渗透到不同的领域，与许多研究话题结合形成交叉。

(2) 硕博士论文的主题整体分布与演化

如图 1-3 所示，在 1979 ~ 2019 年的数据中，高等院校硕博士在研究劳动教育这一主题过程中，所检索的关键词排名前 10 的为职业教育、思想政治教育、对策、教育、大学生、人力资本、人力资源开发、人力资源、农村、中国共产党。其中，最为关注的内容为职业教育，见表 1-2。

图 1-3　硕博士论文劳动教育研究关键词图谱（1979 ~ 2019 年）

表 1-2　硕博士论文劳动教育发文量前 10 的关键词（1979 ~ 2019 年）

序号	频次	中介中心性	关键词
1	103	0. 35	职业教育
2	77	0. 24	思想政治教育
3	62	0. 17	对策
4	62	0. 18	教育
5	61	0. 34	大学生
6	58	0. 18	人力资本
7	46	0. 08	人力资源开发
8	42	0. 07	人力资源
9	37	0. 06	农村
10	34	0. 14	中国共产党

对比图 1-2 和图 1-3 可知，劳动职业教育、劳动教育本质以及劳动思想政治教育这三个板块为所有研究人员的热点，这进一步说明了三个方向的研究对于劳动教育领域的重要性。但相比图 1-2，图 1-3 侧重于在马列主义、毛泽东思想教育下劳动教育的演化形式以及发展，这说明高等院校的硕博士将研究中心放在了劳动职业教育的理论背景上。

（3）作者分析

如图 1-4 所示，在 1949 ~ 2019 年的数据中，发表了“劳动教育”主题相关

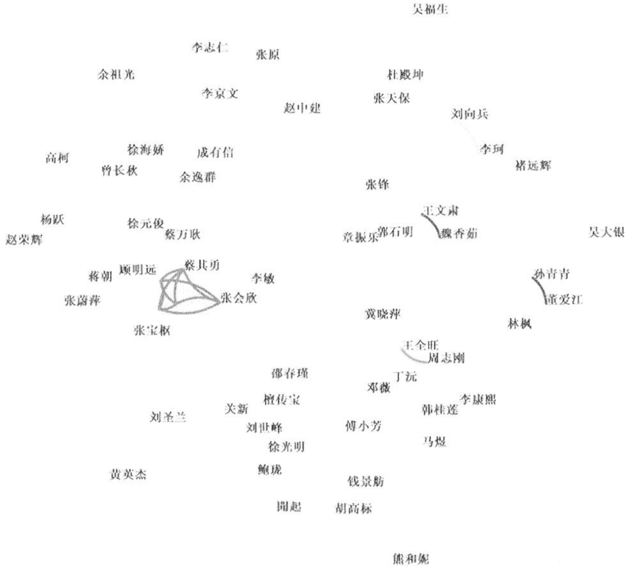

图 1-4　劳动教育研究作者合作图谱（1949 ~ 2019 年）

文献的作者共有285位，发文量排名前10的作者为：胡高标（17篇）、顾明远（11篇）、刘世峰（10篇）、刘向兵（8篇）、李珂（7篇）、赵荣辉（7篇）、成有信（7篇）、鲍珑（6篇）、檀传宝（6篇）、刘圣兰（6篇）。发文量最多的是胡高标，见表1-3。

表1-3　劳动教育发文量前10名作者（1949～2019年）

序号	发文量/篇	作者
1	17	胡高标
2	11	顾明远
3	10	刘世峰
4	8	刘向兵
5	7	李珂
6	7	赵荣辉
7	7	成有信
8	6	鲍珑
9	6	檀传宝
10	6	刘圣兰

由表1-3可知，发文量进步最快的作者来源单位为中国劳动关系学院，该学校隶属于中华全国总工会，根据中华全国总工会和教育部的指导与要求，学校多年坚持弘扬中国特色、劳动特色、工会特色，常年走在劳动教育研究领域最前端。这也进一步证明了数据的可靠性。由图1-4可知，尽管劳动教育研究领域多年来受到各界学者的关注，但至今未形成一个较完整的合作网络。但自2018年后，劳动教育研究上升到了一个新高度，越来越多的学者进入该领域，可见在不久的将来，一个初步的合作网络将会形成。

（4）机构分析

如图1-5所示，在1949～2019年的数据中，对劳动教育研究较为深入前10名机构为：北京师范大学（61篇）、西南大学（26篇）、中国劳动关系学院（24篇）、南京师范大学（19篇）、东北师范大学（14篇）、中央教育科学研究所（14篇）、广西师范大学（12篇）、上海师范大学（12篇）、华中师范大学（11篇）、湖南省教育生产装备处（5篇）。其中，最关注这一主题的机构是北京师范大学，见表1-4。

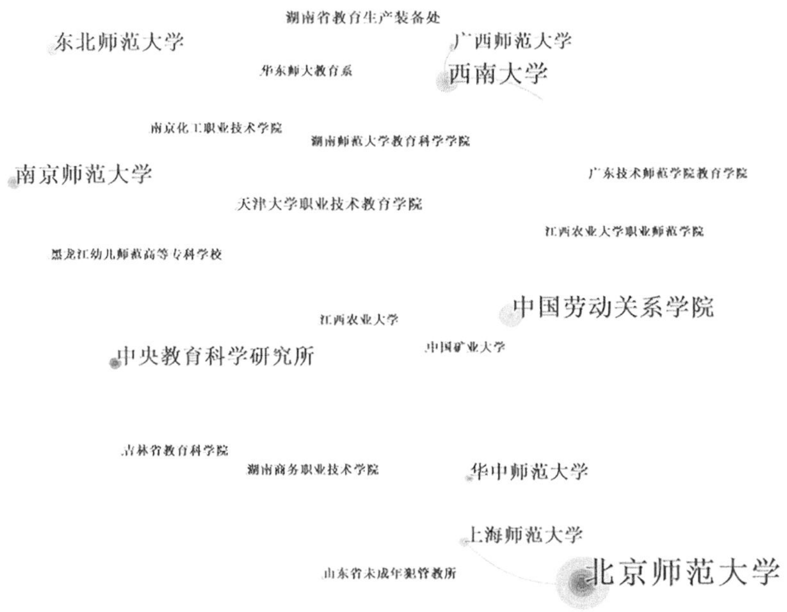

图 1-5　劳动教育研究机构合作图谱（1949～2019 年）

表 1-4　劳动教育发文量前 10 名机构（1949～2019 年）

序号	发文量/篇	研究机构
1	61	北京师范大学
2	26	西南大学
3	24	中国劳动关系学院
4	19	南京师范大学
5	14	东北师范大学
6	14	中央教育科学研究所
7	12	广西师范大学
8	12	上海师范大学
9	11	华中师范大学
10	5	湖南省教育生产装备处

1.3　小　　结

1）中国劳动教育经历了从传统劳动教育到新时代劳动教育的快速转型，其中“劳动教育本质”、“劳动职业教育”以及“劳动素质教育”这三大研究主题一直都是传统劳动教育研究的重点和热点。随着 2018 年全国教育大会的召开，新时代、劳模精神、工匠精神研究主题的重要性逐渐凸显，成为新时代劳动教育的关注和研究热点。

2）相关高校和研究机构非常关注劳动教育，在硕博士劳动教育研究主题时，主要集中于劳动教育的理论研究上。

3）相比于传统劳动教育，2018 年全国教育大会后形成的新时代劳动教育，不仅将劳动教育上升为国家战略，而且引起了众多高校和研究机构重视，劳动教育学科呈现显学特征和快速发展趋势，但尚未形成密切关联的劳动教育学术共同体。

参考文献

班建武. 2019. 劳动教育应有新的内涵特征与实践路径 [J]. 中小学德育，(11)：78.

鲍忠良. 2013. 青少年学生劳动教育现状的实证研究 [J]. 教育探索，(8)：91-93.

陈虹，杨俊青. 2017. 供给侧结构性改革对劳动领域的影响——中国劳动学会劳动科学教育分会 2017 年年会综述 [J]. 中国人口科学，(5)：120-125.

何云峰，宗爱东. 2019. 中小学劳动教育的现状、问题及对策 [J]. 青年学报，(1)：6-11.

胡倩云. 2019. 简述小学教育中劳动教育的意义 [J]. 才智，(24)：82.

胡晓军. 2019. 创新劳动教育实践 [J]. 基础教育课程，(22)：11-14.

黄燕. 2019. 新时代劳动精神的生成逻辑、核心内涵与弘扬路径 [J]. 思想理论教育，(1)：97-100.

黄玉芬. 2019. 家班劳动共育模式的探索与实践 [J]. 辽宁教育，(24)：24-29.

李丹. 2019. 从“德智体美”到“德智体美劳”：加强高校劳动教育的逻辑审视 [J]. 中国职业技术教育，(33)：56-62.

李习文，于小雷，付文博. 2019. 论以劳育人在高校立德树人中的价值定位 [J]. 学校党建与思想教育，(19)：40-42.

李旭芳. 2019. 高职艺术院校劳动教育和实践路径 [J]. 智库时代，(49)：207-208.

李作林. 2019. 劳动教育：促进学生个性自由而全面发展的有效途径 [J]. 创新人才教育，(2)：33-37.

廖婷. 2018. 基于校校融合的师范生《现代教育技术》课程课堂教学质量的有效提升探究 [J]. 科学大众（科学教育），(10)：114.

林炎红. 2019. 高校劳动教育的价值及途径探究 [J]. 佳木斯职业学院学报，(11)：25-26.

刘向兵. 2019. 新时代高校劳动教育论纲 [M]. 北京：社会科学文献出版社.

娄雨. 2020. 什么是“劳动的独特育人价值”——论劳动之于“体、技、心”的教育意义 [J]. 中国教育学刊，(8)：12-17.

孙瑞芳. 2019. 信息化时代学校劳动教育的认识澄清与实践应对 [J]. 中国德育，(21)：7-10.

檀传宝. 2018. 加强和改进劳动教育是当务之急——当前我国劳动教育存在的问题、原因及对策［J］. 人民教育，(20)：30-31.
王洪泠，李明胜 . 2019. 新时代劳动教育的功能及课程建构［J］. 福建基础教育研究，(11)：8-9.
王坤，张敏，王胜男 . 2019. 新中国 70 年劳动教育研究回顾与理性审视［J］. 中国职业技术教育，(24)：36-42.
王英伟，陈凡 . 2019. 新时代工匠精神的审视与重构［J］. 自然辩证法研究，35（11）：52-56.
徐海娇 . 2019. 意义生活的完整性：人工智能时代劳动教育何以必要与何以可为［J］. 国家教育行政学院学报，(11)：88-95.
徐茂华，周梨洪 . 2019. 新中国成立以来我国加强青年学生劳动教育的历程及其路径［J］. 重庆理工大学学报（社会科学），33（9）：109-117.
赵健杰 . 2010. 劳动科学建构论纲［J］. 中国劳动关系学院学报，24（2）：10-14.
赵荣辉 . 2012. 异化与回归：反思劳动教育的存在状况［J］. 教育学术月刊，(11)：11-14.
赵伟 . 2019. 试论劳动、劳动教育和职业教育的关系［J］. 中国高教研究，(11)：103-108.
朱茂林 . 2007. 论我国劳动法学学科的构建［D］. 北京：首都师范大学 .
朱桃英 . 2003. 对家庭劳动教育中存在问题的调查及思考［J］. 当代教育科学，(17)：42-43.
卓晴君 . 2019. 习近平劳动教育思想之重要战略意义［J］. 创新人才教育，(2)：5.

第2章 基于大数据的劳动+学科显学特征分析

2018年9月10日，全国教育大会提出劳动教育，并将劳动教育作为国民教育体系的重要组成部分（刘向兵，2019）。“劳动科学”这一学科在我国的发展历史悠久，高等教育界一直高度关注。2009年11月5日，“劳动科学一级学科专家认证会”在中国人民大学召开；2017年2月13日，中国劳动关系学院提出“劳动情怀深厚”的高素质应用型人才培养目标；2019年4月19日，由劳动经济学会主办、池州市人力资源和社会保障局承办的“第三届劳动经济学学科建设研讨会”在池州召开。因此，在新时代背景下，探索“劳动+学科”显学特征研究具有重大的理论需求和现实意义，但“劳动+学科”相关基础研究却存在理论空白。综上所述，本研究基于大数据分析的视角，运用CiteSpace软件，提炼11个劳动+二级学科的知识图谱，从权威机构、核心文献、基金引用三个维度描述“劳动+学科”显学特征，并提出“劳动+学科”的大数据可视化分析方法。

2.1 劳动+学科的提出背景与研究现状

2.1.1 劳动科学及劳动+学科的提出背景

学科是以一定的共性的客体为研究对象而形成的相对独立的知识体系或分支（朱茂林，2007）。中华人民共和国成立以来，我国高等学校本科教育专业设置了14个学科门类①，至今没有劳动科学一级学科。2010年，赵健杰首次给出了劳动科学一级学科的概念。2016年，在制定《中国劳动关系学院“十三五”发展规划》的调研过程，刘向兵校长结合中国劳动关系学院的学科专业特色将其概括为“劳动+”，第一次明确了“劳动+学科”的大科学命题。

① 2021年新增加“交叉学科”学科门类。

2.1.2 劳动+学科的研究现状

一般而言，我国劳动科学建设理念源于苏联（瓦维洛夫和周邦立，1950），并经过中国式的实践在曲折中发展而来，劳动科学及其研究为社会各界广为关注（沈志义，1998）。当前，劳动学科的研究主要聚焦在以下三个方面。

（1）劳动科学相关二级学科的提出及其研究机构

长期以来，我国劳动科学在科学体系中一直处于被歧视地位，劳动科学的完整体系被人为分解，归入了不同学科，而且在被归入的学科中，所处层次太低（王长城，1996）。劳动科学没有列为一级学科，其内容分散在不同的一级学科中，比较纷杂（陈建萍，2007）。朱茂林（2007）认为劳动法学是独立于民法学和经济法学的法学二级学科；王健（1982）认为劳动管理应与行为科学相结合；顾学箕（1983）提出劳动卫生与职业病学；王世德（1986）提出劳动美学；王斌和朱启星（2003）认为严谨的“劳动卫生与职业病学”理论学术体系至今仍未确立，有待于丰富、发展与完善；王平（2008）认为劳动经济学具有综合性，是一门指导性、实用性较强的学科；王江松（2010）认为劳动哲学是一门处于哲学与具体的劳动科学之间的边缘学科和交叉学科，是劳动学科群中的一门基础学科或“元劳动学”。刘德浩（2011）认为劳动保障专业的学科属性应定位于以公共管理学科为基础的交叉性专业（刘德浩，2011）；王尚和邓波（2012）认为劳动关系学是一门以劳动关系及其运行规律为研究对象的应用学科，而劳动社会学在 20 世纪 50 年代作为一个独立的分支学科出现（赵炜，2017）。1983 年 9 月 17 日，中国劳动保护科学技术学会在天津成立（2004 年 1 月 16 日更名为中国职业安全健康协会），并于 1985 年提出劳动保护科学；1982 年，中国劳动学会成立；1982 年 5 月 1 日成立劳动部劳动科学研究所；2017 年 4 月 27 ~ 28 日，第一届全国劳动经济学科建设研讨会在河南省开封市举行，持续推动劳动学科的社会影响和关注。

（2）劳动科学学科体系及其建设

崔庆凯和邹宝丰（1988）提出了由劳动经济学、劳动管理学、劳动社会学、劳动人口学、劳动心理学、劳动美学、劳动生理学、劳动保护学、劳动人事统计学、劳动法、劳动职业学、劳动比较学和劳动思想学说史等完整的、系统的劳动学科体系。事实上，赵曼和张金华（1993）认为劳动科学体系存在着缺陷，并非是劳动科学与人事科学的简单“相加”，其学科体系是从其他基础学科逐渐孕育、发展、脱胎而来的（雷玉霞，1993），相对独立的劳动学科体系正在形成

（沈志义，1995）；田小宝和王俊舫（1999）认为我国已初步建立起劳动和社会保障科学理论体系；刘潜（1982）提出应建立劳动保护的学科专业体系；李建德和黄玉捷（1992）提出了新型劳动科学的学科建设；李琦（2019）认为劳动科学实践教学体系应包含实践基地、实践课程、实践教材、实践教师四个要素。此外，政府部门也出台了相应的制度建设。1982 年教育部印发《关于普通中学开设劳动技术教育课的试行意见》；1988 年北京市下发了《北京市进一步加强与改进小学劳动学科教学的意见》；2015 年教育部联合共青团中央、全国少工委印发了《关于加强中小学劳动教育的意见》；中共中央、国务院 2015 年印发了《关于构建和谐劳动关系的意见》，2020 年 3 月，中共中央、国务院《关于全面加强新时代大中小学劳动教育的意见》；2020 年 7 月，教育部《大中小学劳动教育指导纲要（试行）》；2020 年 10 月，中共中央、国务院《深化新时代教育评价改革总体方案》；2021 年 2 月，教育部《普通高等学校本科教育教学审核评估实施方案（2021—2025 年）》，以及 2021 年 4 月，《全国人民代表大会常务委员会关于修改〈中华人民共和国教育法〉的决定》，从制度上保障上了劳动科学的深远发展。

（3）*劳动科学创新研究及新趋势*

为了科学解决在劳动科学专业人才培养中普遍存在着的重理论、轻实践、专业面过窄、与专业实际脱节严重等问题（蒋晓光和张诚，1997）和中小学中劳动（劳技）课的教学效果问题（肖洪寿，2000），应切实加强劳动科学研究。劳动科学研究具有综合性、系统性、应用性、伦理性、中立性五大特征，其目的主要是为了解决现实中的劳动问题（熊新发和陈玉杰，2011），而赵健杰（2010）也认为劳动科学是一个新的交叉学科，具有内在的规定性和层次结构，初步形成了传统劳动向现代科学劳动理论发展的趋势（李建建，2012）。当前，劳动关系学在我国正处于上升阶段，而在西方发达国家，劳动关系学科的研究正面临着前所未有的危机（安增科和内曼贾·柏柏尔，2015），刘向兵和赵健杰（2018）在中国话语体系下提出了多学科、跨学科的劳模学和“劳动+学科”，凸显当前重塑劳动科学一级学科的必要性和紧迫性。

2.2 数据来源与分析方法

2.2.1 数据来源

劳动+学科显性特征分析的数据来源于历年来有关于劳动的各学科发表的

论文。数据文献从 CNKI 上下载。在 CNKI 上以劳动为主题，兼含管理学、劳动科学、职业培训、法学、经济学、统计学、安全学、计量学、社会学等关键词。时间为 1926 年 1 月 1 日 ~2018 年 12 月 31 日，不区分作者，中英文等其他限制条件，剔除其中的教学改革、无作者的通信、会议通知和卷首语、书籍介绍等非学术论文数据。检索出符合要求的文献，再成批量（500 篇文献一批）进行作者、机构的下载和导出，并将数据保存为 Refworks 格式，建立劳动+学科数据库。

依据中国图书馆分类法（Chinese Library Classification，CLC）① 劳动科学（C97）学科下的二级学科，划分为劳动科学基础（劳动科学基础理论，简称劳动科学基础，包括劳动哲学、劳动心理学、劳动生理学和劳动科学学）（孟令军，2011）、劳动经济学、劳动法学、劳动关系学、劳动管理学、职业培训学、劳动社会学、劳动安全卫生学（主要包括劳动安全、劳动卫生）、劳动计量学、劳动统计学、社会保障学 11 个劳动+学科。

2.2.2 研究方法

本研究主要通过 CiteSpace 软件对来自 CNKI 的数据，如作者、机构的合作、关键词、年份知识图谱进行分析，并根据分析图中节点的大小和节点与其他节点连线的频次进行显性强度的可视化分析。

2.2.3 数据处理

使用知识图谱分析工具 CiteSpace 对数据进行处理和分析。通过 CiteSpace 软件对来自 CNKI 的数据，如作者、单位、关键词、年份进行可视化强度分析，并对由软件生成的图进行直观分析。对于数据，首先是在 CNKI 上搜索符合二级学科要求的相关论文，导出论文的简介、作者、单位、发文时间等信息。再将各二级学科数据库合并到一起导入 CiteSpace 软件中。最后导出作者和单位的分析图，经过对得出节点的整理，可显著分析出各节点之间的顺序与关联。所谓节点就是数据对于不同关键词、不同作者、不同单位的分类，各节点之间又有连线关系，

---

① 中国图书馆分类法（Chinese Library Classification，CLC），简称《中图法》，是建国后编制出版的一部具有代表性的大型综合性分类法，是当今国内图书馆使用最广泛的分类法体系。在《中国法》中单独设立“劳动科学”类目以便能及时、准确、完整、系统地反映劳动科学的发展成果是非常必要和及时的，在《中图法》（第四版）单独设立“劳动科学”，其代码为 C97。资料来源：杨燕玲，宋永香 . 1998. 关于在《中图法》中设立“劳动科学”类目的几点思考［J］. 晋图学刊，(1)：30-32.

说明各节点之间并非相互独立而是互相关联。年轮样式节点各圈颜色特指对应年份，连线中的颜色，代表着该共现关系第一次发生的年份。

2.3 劳动科学基础理论学科知识图谱分析

2.3.1 描述性分析

劳动科学基础理论是“劳动”这一大主题下的一级词汇之一，其学科编号为 C970，为了查找更为全面的、符合内容的文献，根据“劳动科学”这一一级词汇开拓了相关的二级词汇，本研究选用的二级词汇为劳动哲学、劳动伦理、劳动美学、劳动文化、劳动心理学、劳动生理。通过对这些二级词汇的深入、详细搜索，以年份作为整体划分的界限，汇总了 1957 ~ 2018 年所有符合劳动科学主题内容的文献，共 1648 篇，筛除重复文章后剩余 817 篇。将所得文献作为数据来源，使用 CiteSpace 软件对所得数据进行关键词、作者和机构三个方面的内容比重以及发展趋势的分析。将所得的分析结果进行现状以及趋势分析，并保存关于关键词、作者以及机构的分析图片，进行结果的详细展示。

2.3.2 作者分析

在 1957 ~ 2018 年的数据中，撰写了内容相关“劳动科学”论文并发表的作者共有 43 名，作者之间的联系如图 2-1 所示。由图 2-1 可知，发文量排名前 20 的作

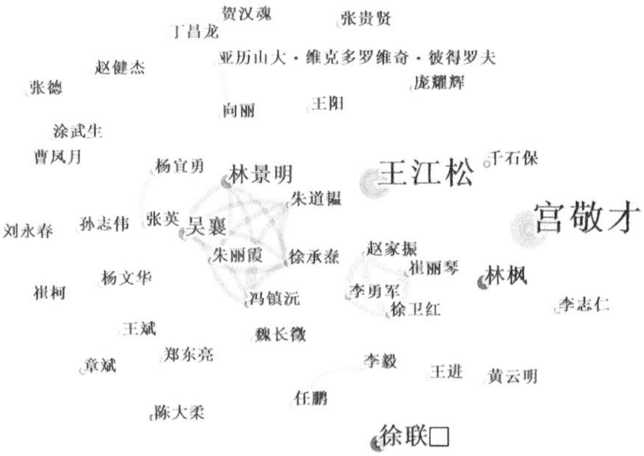

图 2-1　劳动科学基础理论学科的研究作者合作图谱（1957 ~ 2018 年）

因 CiteSpace 软件不识别汉字“倉”而自动用□来代替，因此图 2-1 中的徐联□是指中国科学院心理研究所的徐联倉

者为宫敬才、王江松、徐联倉、林景明、吴襄、林枫、亚历山大·维克多罗维奇·彼得罗夫、刘永春、王阳、向丽、冯镇沅、千石保、郑东亮、崔丽琴、李勇军、贺汉魂、崔柯、曹凤月、涂武生、庞耀辉。总发文量最多的是宫敬才，见表 2-1。

表 2-1　劳动科学基础理论学科发文量前 20 名作者（1957～2018 年）

序号	发文量/篇	作者
1	9	宫敬才
2	7	王江松
3	4	徐联倉
4	3	林景明
5	3	吴襄
6	3	林枫
7	2	亚历山大·维克多罗维奇·彼得罗夫
8	2	刘永春
9	2	王阳
10	2	向丽
11	2	冯镇沅
12	2	千石保
13	2	郑东亮
14	2	崔丽琴
15	2	李勇军
16	2	贺汉魂
17	2	崔柯
18	2	曹凤月
19	2	涂武生
20	2	庞耀辉

2.3.3　机构分析

如图 2-2 所示，在 1957～2018 年的数据中，对劳动科学内容进行研究较为深入的前 13 名机构分别为中国劳动关系学院、中国人民大学、河北大学政法学院、中国劳动学会、中国科学院心理研究所、中国疾病预防控制中心职业卫生与中毒控制所（原中央卫生研究院）、大连医学院生理学教研室、云南大学人文学院中文系、湖南师范大学道德文化研究中心、中国艺术研究院马克思主义文艺理论研究所、江西师范大学、西南交通大学政治学院、中共甘肃省委党校（甘肃行政学院）经济学教研部。其中，最关注劳动科学这一主题的机构为中国劳动关系学院，见表 2-2。

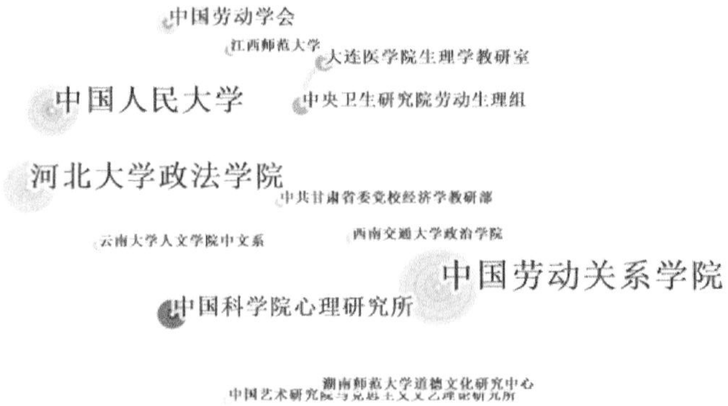

图 2-2　劳动科学基础理论学科的研究机构合作图谱（1957～2018 年）

表 2-2　劳动科学基础理论学科发文量前 13 名机构（1957～2018 年）

序号	发文量/篇	研究机构
1	11	中国劳动关系学院
2	6	中国人民大学
3	6	河北大学政法学院
4	4	中国劳动学会
5	3	中国科学院心理研究所
6	2	中国疾病预防控制中心职业卫生与中毒控制所（原中央卫生研究院）
7	2	大连医学院生理学教研室
8	2	云南大学人文学院中文系
9	2	湖南师范大学道德文化研究中心
10	2	中国艺术研究院马克思主义文艺理论研究所
11	2	江西师范大学
12	2	西南交通大学政治学院
13	2	中共甘肃省委党校（甘肃行政学院）经济学教研部

2. 3. 4　关键词分析

如图 2-3 所示，在 1957～2018 年的数据中，人们在研究劳动科学这一主题过程中，所检索的关键词排名前 20 的为劳动、劳动伦理、企业管理、企业、和谐劳动关系、劳动科学、马克思、劳动美学、中华人民共和国、劳动者、研究所、生产美学、生产力、劳动心理学、劳动关系、企业文化、劳动哲学、就业、劳动部、思想体系。其中，最为关注的内容为劳动，见表 2-3。

图 2-3　劳动科学基础理论学科的研究关键词图谱（1957～2018 年）

表 2-3　劳动科学基础理论学科发文量前 20 名关键词（1957～2018 年）

序号	频次	中介中心性	关键词
1	154	0. 76	劳动
2	47	0. 11	劳动伦理
3	43	0. 22	企业管理
4	41	0. 16	企业
5	38	0. 12	和谐劳动关系
6	33	0. 06	劳动科学
7	29	0. 06	马克思
8	28	0. 09	劳动美学
9	26	0. 1	中华人民共和国
10	24	0. 13	劳动者
11	23	0. 08	研究所
12	23	0. 13	生产美学
13	20	0. 06	生产力
14	18	0. 05	劳动心理学
15	18	0. 06	劳动关系
16	18	0. 03	企业文化
17	15	0. 03	劳动哲学
18	14	0. 02	就业
19	12	0. 01	劳动部
20	12	0. 09	思想体系

2.4 劳动经济学学科知识图谱分析

2.4.1 描述性分析

劳动经济学是研究劳动力市场中劳动力供给和劳动力需求各自影响因素以及相互作用关系的经济学分支。直到20世纪20年代，制度经济学派才建立了独立的劳动经济学（袁伦渠和林原，2011）。

劳动经济学是“劳动”这一大主题下的一级词汇之一，其学科编号为C971，为了查找更为全面的、符合内容的文献，根据“劳动经济学”这一一级词汇开拓了相关的二级词汇，本研究选用的二级词汇为劳动报酬、劳动经济、劳动就业、劳动价值、劳动生产率和人力资本。通过对这些二级词汇的深入、详细搜索，以年份作为整体划分的界限，汇总了1926～2018年所有符合劳动经济学主题内容的文献，共96 625篇，筛除重复文章后剩余94 779篇。将所得文献作为数据来源，使用CiteSpace软件对所得数据进行关键词、作者和机构三个方面的内容比重以及发展趋势的分析。将所得的分析结果进行现状以及趋势分析，并保存关于关键词、作者以及机构的分析图片，进行结果的详细展示。

2.4.2 作者分析

在1926～2018年的数据中，撰写了内容相关“劳动经济学”论文并发表的作者共有2461名，作者之间的联系如图2-4所示。由图2-4可知，发文量排名前20的作者为蔡昉、张茉楠、何勇海、张培元、李松龄、沈峰、朱四倍、李英锋、陈文通、杨学友、夏杰长、殷醒民、吴江、郑新立、刘霞辉、杨涛、成思危、李义平、李佐军、屈宏斌。总发文量最多的是蔡昉，见表2-4。

表2-4 劳动经济学学科发文量前20名作者（1926～2018年）

序号	发文量/篇	作者
1	1031	蔡昉
2	661	张茉楠
3	465	何勇海
4	372	张培元
5	289	李松龄

续表

序号	发文量/篇	作者
6	265	沈峰
7	261	朱四倍
8	261	李英锋
9	209	陈文通
10	197	杨学友
11	183	夏杰长
12	182	殷醒民
13	181	吴江
14	174	郑新立
15	171	刘霞辉
16	164	杨涛
17	163	成思危
18	161	李义平
19	161	李佐军
20	157	屈宏斌

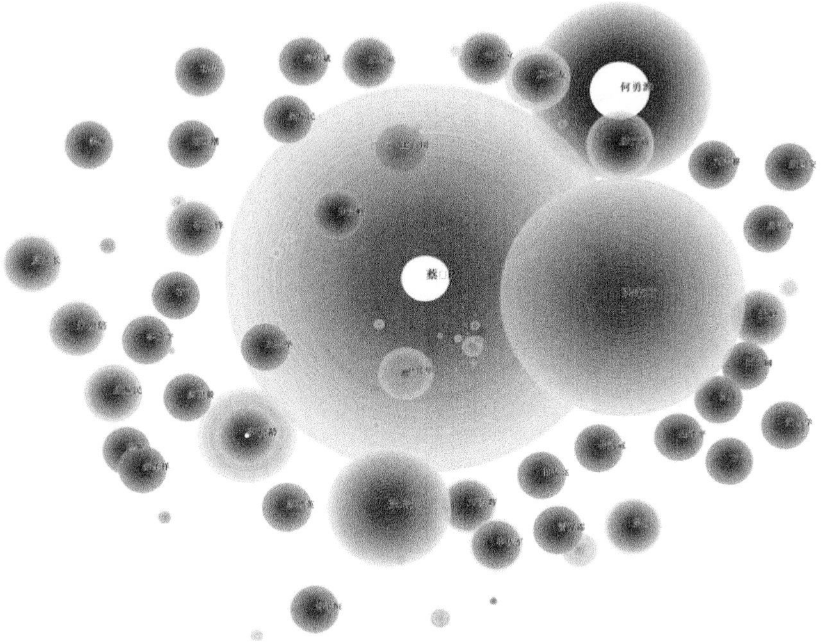

图 2-4　劳动经济学学科的研究作者合作图谱（1926 ~ 2018 年）

CiteSpace 软件不识别汉字“昉”而自动用 P 来代替，因此图 2-4 中的蔡 P 是指中国社会科学院的蔡昉

2.4.3 机构分析

如图 2-5 所示，在 1926 ~ 2018 年的数据中，对劳动经济学内容进行研究较为深入的前 20 名机构分别为中国社会科学院、中国人民大学、国务院发展研究中心、北京大学、复旦大学、清华大学、中国国际经济交流中心、上海财经大学、南京大学、厦门大学、国家信息中心、湖南大学经济研究中心、西南政法大学、深圳特区报、南开大学、中国人民政治协商会议全国委员会（简称全国政协）、吉林大学、证券时报、上海交通大学以及吉林省社会科学院经济研究所。其中，最关注劳动经济学这一主题的机构为中国社会科学院，见表 2-5。

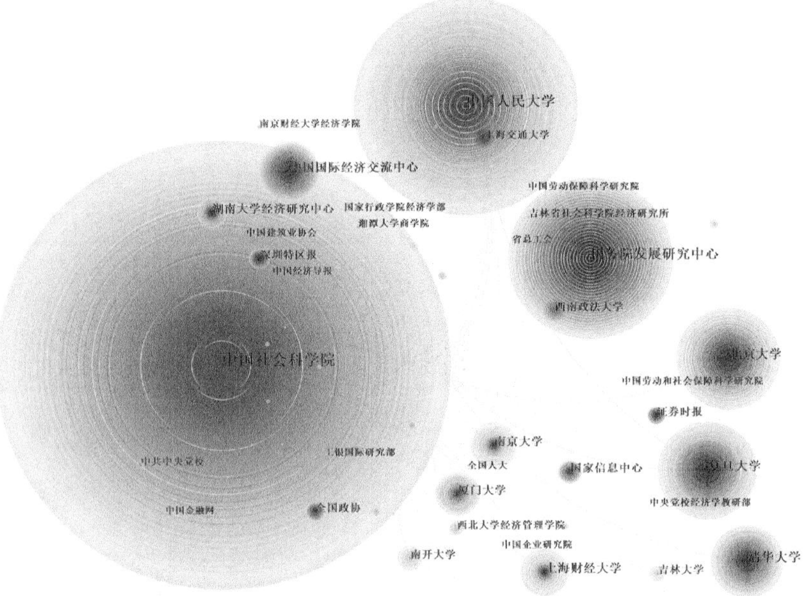

图 2-5　劳动经济学学科的研究机构合作图谱（1926 ~ 2018 年）

表 2-5　劳动经济学学科发文量前 20 名机构（1926 ~ 2018 年）

序号	发文量/篇	研究机构
1	7705	中国社会科学院
2	3890	中国人民大学
3	2058	国务院发展研究中心
4	1856	北京大学
5	1718	复旦大学

续表

序号	发文量/篇	研究机构
6	1462	清华大学
7	1038	中国国际经济交流中心
8	929	上海财经大学
9	915	南京大学
10	809	厦门大学
11	675	国家信息中心
12	634	湖南大学经济研究中心
13	594	西南政法大学
14	558	深圳特区报
15	471	南开大学
16	462	中国人民政治协商会议全国委员会（简称全国政协）
17	435	吉林大学
18	420	证券时报
19	374	上海交通大学
20	294	吉林省社会科学院经济研究所

2.4.4 研究热点分析

如图 2-6 所示，在 1926～2018 年的数据中，人们在研究劳动经济学这一主题过程中，所检索的关键词排名前 20 的为劳动生产率、劳动报酬、奖金、企业、企业管理、全要素生产率、生产力、劳动价值论、马克思、劳动、劳动者、财政管理、劳动收入、经济、就业、劳动力、人力资本、生产方式、思想体系以及经济增长。人们最为关注的内容为劳动生产率，见表 2-6。

表 2-6　劳动经济学学科发文量前 20 名关键词（1926～2018 年）

序号	频次	中介中心性	关键词
1	13 262	0.32	劳动生产率
2	10 981	0.13	劳动报酬
3	7 602	0.04	奖金
4	6 471	0.09	企业
5	6 342	0.09	企业管理

续表

序号	频次	中介中心性	关键词
6	4 916	0.09	全要素生产率
7	4 812	0.15	生产力
8	3 630	0.05	劳动价值论
9	3 587	0.05	马克思
10	3 374	0.07	劳动
11	3 300	0.12	劳动者
12	3 264	0.13	财政管理
13	3 084	0.11	劳动收入
14	3 004	0.06	经济
15	2 923	0.05	就业
16	2 673	0.1	劳动力
17	2 591	0.04	人力资本
18	2 452	0.07	生产方式
19	2 236	0.11	思想体系
20	2 173	0	经济增长

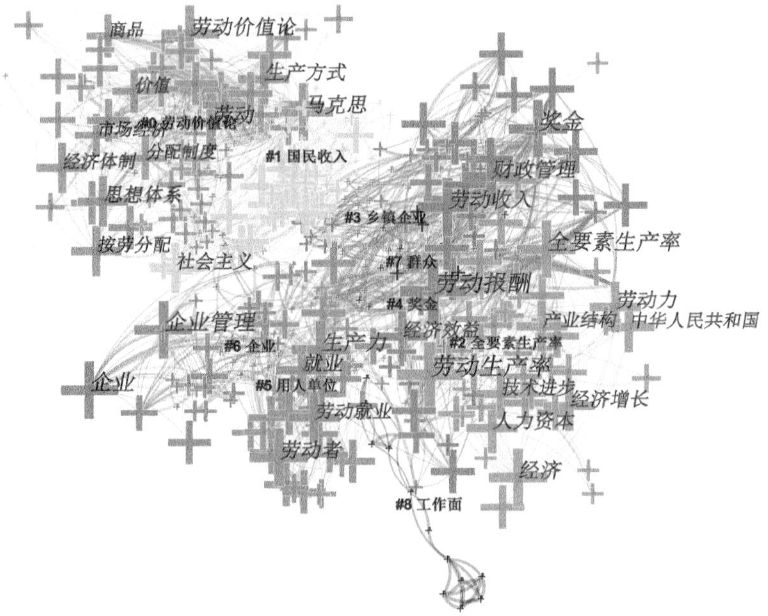

图 2-6　劳动经济学学科的研究关键词图谱（1926～2018 年）

2.5 劳动法学学科知识图谱分析

2.5.1 描述性分析

劳动法学是研究劳动法及其发展规律的学科。它与劳动法相辅相成，劳动法推动了劳动法学，劳动法学又促进了劳动立法，两者有着密不可分的关系（关怀，1999）。

劳动法学是“劳动”这一大主题下的一级词汇之一，其学科编号为 C972，为了查找更为全面的、符合内容的文献，根据“劳动法学”这一一级词汇开拓了相关的二级词汇，本研究选用的二级词汇为法律关系、法学、工资、集体合同、劳动法学、劳动合同、劳动争议、休假。通过对这些二级词汇的深入、详细搜索，以年份作为整体划分的界限，汇总了 1928 ~ 2018 年所有符合劳动法学主题内容的文献，共 209 610 篇，筛除重复文章后剩余 101 603 篇。将所得文献作为数据来源，使用 CiteSpace 软件对所得数据进行关键词、作者和机构三个方面的内容比重以及发展趋势的分析。将所得的分析结果进行现状以及趋势分析，并保存关于关键词、作者以及机构的分析图片，进行结果的详细展示。

2.5.2 作者分析

在 1928 ~ 2018 年的数据中，撰写了内容相关“劳动法学”论文并发表的作者共有 1796 名，作者之间的联系如图 2-7 所示。由图 2-7 可知，发文量排名前 20 的作者为杨学友、蔡笑、刘武俊、鲁志峰、潘家永、吴春明、尹蔚民、谢炳城、白天亮、王琰、宫法言、耿余、周建明、王毓、任素芬、赵秉昌、郭奕秋、吴磊、王兴斌、沈斌倜。总发文量最多的是杨学友，见表 2-7。

表 2-7 劳动法学学科发文量前 20 名作者（1928 ~ 2018 年）

序号	发文量/篇	作者
1	775	杨学友
2	456	蔡笑
3	357	刘武俊
4	292	鲁志峰
5	282	潘家永

续表

序号	发文量/篇	作者
6	172	吴春明
7	167	尹蔚民
8	160	谢炳城
9	159	白天亮
10	152	王琰
11	148	宫法言
12	148	耿余
13	148	周建明
14	148	王毓
15	148	任素芬
16	148	赵秉昌
17	148	郭奕秋
18	148	吴磊
19	148	王兴斌
20	148	沈斌倜

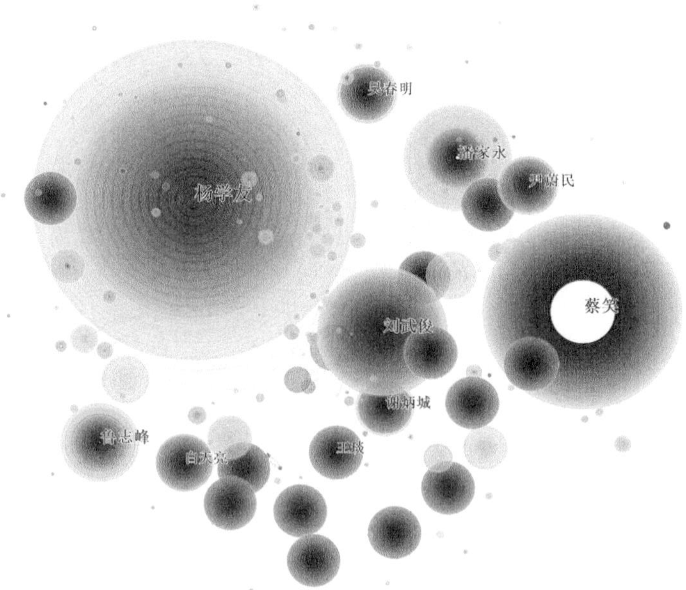

图 2-7　劳动法学学科的研究作者合作图谱（1928～2018 年）

2.5.3 机构分析

如图 2-8 所示，在 1928 ~ 2018 年的数据中，对劳动法学内容进行研究较为深入的前 20 名机构分别为中国人民大学、中国政法大学、北京市海淀区人民法院、中国社会科学院、中国劳动关系学院、西南政法大学、华东政法大学、重庆市第一中级人民法院、武汉大学、辽宁省锦州市人民检察院、江西省兴国县人民法院、北京市第三中级人民法院、中国劳动和社会保障科学研究院、北京市朝阳区人民法院、上海市第二中级人民法院、北京大学、中南财经政法大学、吉林大学、北京市朝阳区劳动人事争议仲裁院以及司法部《中国司法》杂志。其中，最关注劳动法学这一主题的机构为中国人民大学，见表 2-8。

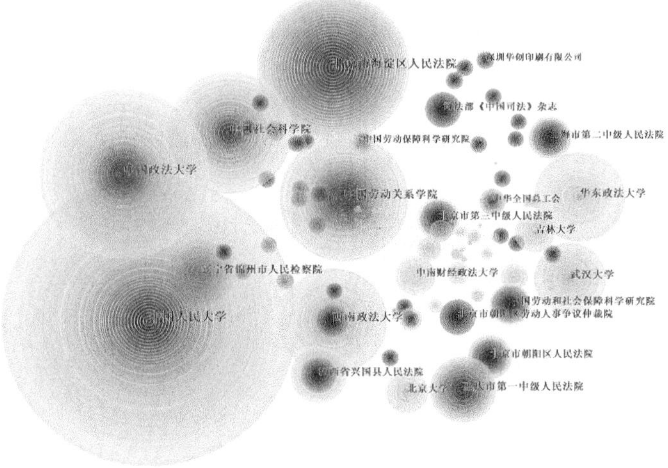

图 2-8　劳动法学学科的研究机构合作图谱（1928 ~ 2018 年）

表 2-8　劳动法学学科发文量前 20 名机构（1928 ~ 2018 年）

序号	发文量/篇	研究机构
1	2367	中国人民大学
2	1379	中国政法大学
3	1289	北京市海淀区人民法院
4	1069	中国社会科学院
5	1053	中国劳动关系学院
6	869	西南政法大学
7	715	华东政法大学
8	649	重庆市第一中级人民法院

续表

序号	发文量/篇	研究机构
9	579	武汉大学
10	573	辽宁省锦州市人民检察院
11	470	江西省兴国县人民法院
12	445	北京市第三中级人民法院
13	437	中国劳动和社会保障科学研究院
14	386	北京市朝阳区人民法院
15	378	上海市第二中级人民法院
16	348	北京大学
17	326	中南财经政法大学
18	325	吉林大学
19	318	北京市朝阳区劳动人事争议仲裁院
20	312	司法部《中国司法》杂志

2.5.4 研究热点分析

如图 2-9 所示，在 1928 ~ 2018 年的数据中，人们在研究劳动法学这一主题

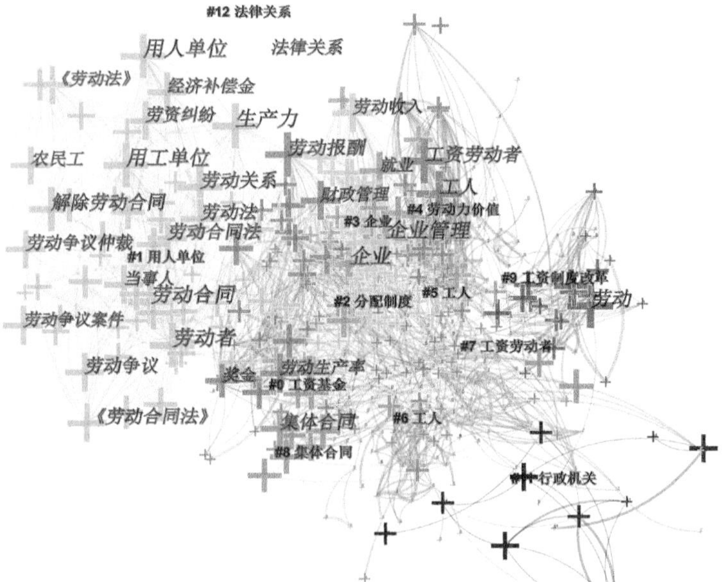

图 2-9　劳动法学学科的研究关键词图谱（1928 ~ 2018 年）

过程中，所检索的关键词排名前 20 的为劳动者、企业、用人单位、企业管理、生产力、用工单位、劳动合同、劳动、工资劳动者、工人、劳动关系、解除劳动合同、劳动报酬、劳动法、集体合同、《劳动合同法》、劳动争议、劳动合同法、农民工以及劳动争议仲裁。人们最为关注的内容为劳动者，见表 2-9。

表 2-9　劳动法学学科发文量前 20 名关键词（1928～2018 年）

序号	频次	中介中心性	关键词
1	8039	0	劳动者
2	7961	0	企业
3	7757	0	用人单位
4	7628	0	企业管理
5	7170	0	生产力
6	7094	0	用工单位
7	6343	0	劳动合同
8	5277	0	劳动
9	3231	0	工资劳动者
10	3173	0	工人
11	3045	0	劳动关系
12	2994	0	解除劳动合同
13	2984	0	劳动报酬
14	2934	0	劳动法
15	2627	0	集体合同
16	2578	0	《劳动合同法》
17	2510	0	劳动争议
18	2449	0	劳动合同法
19	2027	0	农民工
20	1837	0	劳动争议仲裁

2.6　劳动关系学学科知识图谱分析

2.6.1　描述性分析

劳动关系学是研究劳动关系的专门学科。劳动关系是指劳动者与劳动力使用者以及相关组织为实现劳动过程所构成的社会经济关系。劳动关系是劳动法最为基本的概念，它标定了劳动法的“势力范围”（阎天，2018）。

劳动关系学是“劳动”这一大主题下的一级词汇之一，其学科编号为C973，为了查找更为全面的、符合内容的文献，根据“劳动关系学”这一一级词汇开拓了相关的二级词汇，本研究选用的二级词汇为劳动关系、个体劳动关系、集体劳动关系、用人单位、三方机构、劳动者、和谐劳动关系。通过对这些二级词汇的深入、详细搜索，以年份作为整体划分的界限，汇总了1957 ~ 2018年所有符合劳动关系学主题内容的文献，共143 302篇，筛除重复文章后剩余107 435篇。将所得文献作为数据来源，使用CiteSpace软件对所得数据进行关键词、作者和机构三个方面的内容比重以及发展趋势的分析。将所得的分析结果进行现状以及趋势分析，并保存关于关键词、作者以及机构的分析图片，进行结果的详细展示。

2.6.2 作者分析

在1957 ~ 2018年的数据中，撰写了内容相关“劳动关系学”论文并发表的作者共有1796名，作者之间的联系如图2-10所示。由图2-10可知，发文量排名前20的作者为杨学友、蔡笑、潘家永、周斌、鲁志峰、颜梅生、钮友宁、刘业林、李迎春、向春华、徐微、周建明、向东、王秀丽、王忠禹、乔博娟、吴欢、宫法言、徐国庆、沈斌倜。总发文量最多的是杨学友，见表2-10。

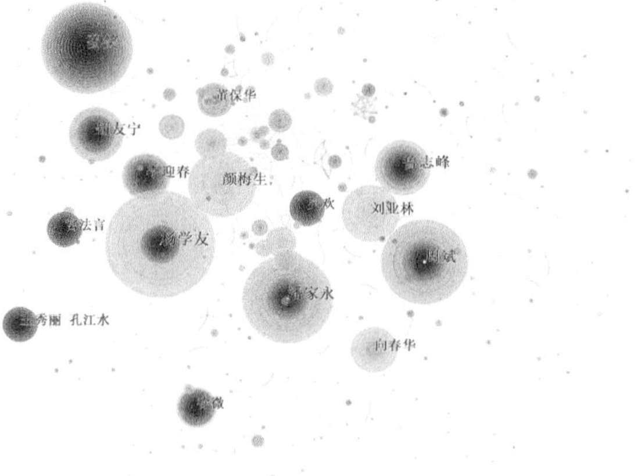

图2-10　劳动关系学学科的研究作者合作图谱（1957 ~ 2018年）

表 2-10　劳动关系学学科发文量前 20 名作者（1957～2018 年）

序号	发文量/篇	作者
1	261	杨学友
2	246	蔡笑
3	226	潘家永
4	213	周斌
5	195	鲁志峰
6	158	颜梅生
7	146	钮友宁
8	133	刘业林
9	126	李迎春
10	112	向春华
11	109	徐微
12	96	周建明
13	96	向东
14	96	王秀丽
15	96	王忠禹
16	96	乔博娟
17	96	吴欢
18	96	宫法言
19	96	徐国庆
20	96	沈斌倜

2.6.3　机构分析

如图 2-11 所示，在 1957～2018 年的数据中，对劳动关系学内容进行研究较为深入的前 20 名机构分别为中国人民大学、中国劳动关系学院、北京市海淀区法院、西南政法大学、中国政法大学、重庆市第一中级人民法院、中华全国总工会法律工作部、中国社会科学院、上海市第二中级人民法院、人力资源社会保障部、华东政法大学、首都经济贸易大学、北京市第三中级人民法院、省总工会、江西省兴国县人民法院、中国劳动保障科学研究院、武汉大学、北京市朝阳区劳动人事争议仲裁院、北京市盈科（深圳）律师事务所以及上海市第一中级人民法院。其中，最关注劳动关系学这一主题的机构为中国人民大学，见表 2-11。

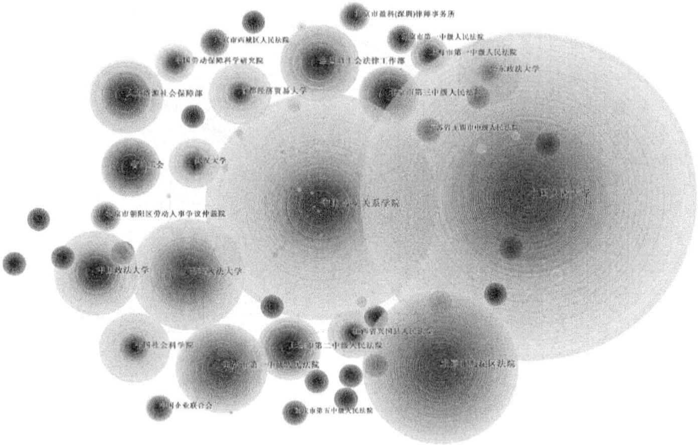

图 2-11　劳动关系学学科的研究机构合作图谱（1957～2018 年）

表 2-11　劳动关系学学科发文量前 20 名机构（1957～2018 年）

序号	发文量/篇	研究机构
1	2121	中国人民大学
2	1466	中国劳动关系学院
3	1068	北京市海淀区法院
4	713	西南政法大学
5	587	中国政法大学
6	567	重庆市第一中级人民法院
7	544	中华全国总工会法律工作部
8	541	中国社会科学院
9	510	上海市第二中级人民法院
10	473	人力资源社会保障部
11	472	华东政法大学
12	452	首都经济贸易大学
13	377	北京市第三中级人民法院
14	372	省总工会
15	365	江西省兴国县人民法院
16	359	中国劳动保障科学研究院
17	336	武汉大学

续表

序号	发文量/篇	研究机构
18	307	北京市朝阳区劳动人事争议仲裁院
19	305	北京市盈科（深圳）律师事务所
20	298	上海市第一中级人民法院

2.6.4 研究热点分析

如图 2-12 所示，在 1957 ~ 2018 年的数据中，人们在研究劳动关系学这一主题过程中，所检索的关键词排名前 20 的为劳动者、用人单位、用工单位、生产力、农民、劳动关系、劳动合同、劳动、企业、企业管理、劳动法、劳动合同法、《劳动合同法》、解除劳动合同、和谐劳动关系、劳动争议、就业、劳务派遣、社会关系以及《劳动法》。人们最为关注的内容为劳动者，见表 2-12。

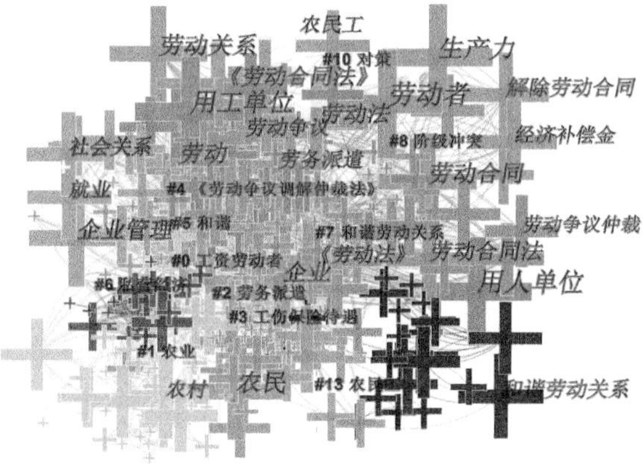

图 2-12 劳动关系学学科的研究关键词图谱（1957 ~ 2018 年）

表 2-12 劳动关系学学科发文量前 20 名关键词（1957 ~ 2018 年）

序号	频次	中介中心性	关键词
1	15 489	0. 22	劳动者
2	10 424	0. 16	用人单位
3	9 675	0. 15	用工单位
4	8 618	0. 23	生产力
5	6 323	0. 03	农民

续表

序号	频次	中介中心性	关键词
6	5 104	0.08	劳动关系
7	4 724	0.02	劳动合同
8	4 642	0.16	劳动
9	4 634	0.09	企业
10	4 287	0.09	企业管理
11	3 114	0.04	劳动法
12	2 411	0.01	劳动合同法
13	2 404	0.02	《劳动合同法》
14	2 269	0.03	解除劳动合同
15	2 096	0.03	和谐劳动关系
16	1 776	0.03	劳动争议
17	1 664	0.07	就业
18	1 613	0.04	劳务派遣
19	1 538	0.02	社会关系
20	1 528	0.03	《劳动法》

2.7 劳动管理学学科知识图谱分析

2.7.1 描述性分析

劳动管理学是指研究提高劳动效率和经济效益、合理地组织劳动力、劳动对象和劳动手段活动规律的一门学科。劳动管理学是劳动科学与管理科学的交叉学科，劳动经济学和劳动管理学有显著区别（何建章，1997）。

劳动管理学是“劳动”这一大主题下的一级词汇之一，其学科编号为 C974，为了查找更为全面的符合内容的文献，根据“劳动管理学”这一一级词汇开拓了相关的二级词汇，本研究选用的二级词汇为安全管理、企业管理、安全生产、施工安全管理、劳动安全管理、安全管理体系，通过对这些二级词汇的深入、详细搜索，以年份作为整体划分的界限，汇总了 1997 ~ 2018 年所有符合劳动管理学主题内容的文献，共 47 310 篇，筛除重复文章后剩余 44 153 篇。将所得文献作为数据来源，使用 CiteSpace 软件对所得数据进行关键词、作者和机构三个方面的内容比重以及发展趋势的分析。将所得的分析结果进行现状以及趋势的分析，并保存关于关键词、作者以及机构的分析图片，进行结果的详细展示。

2.7.2 作者分析

在 1997 ~ 2018 年的数据中，撰写了内容相关“劳动管理学”论文并发表的作者共有 2102 名，作者之间的联系如图 2-13 所示。由表 2-13 可知，发文量排前 20 名的作者为陈云卿、刘利、闪淳昌、郑士贵、韩正忠、石少华、罗云、蒋黔贵、刘青峰、李强、王静、张军、李斌、刘铁民、齐二石、杨辉、张后启、刘平、刘伟、王敏。总发文量最多的是陈云卿。

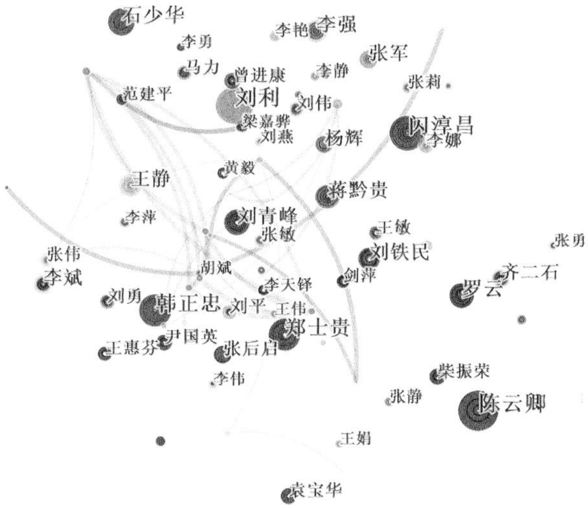

图 2-13 劳动管理学学科的研究作者合作图谱（1997 ~ 2018 年）

表 2-13 劳动管理学学科发文量前 20 名作者（1997 ~ 2018 年）

序号	发文量/篇	作者
1	68	陈云卿
2	31	刘利
3	30	闪淳昌
4	29	郑士贵
5	25	韩正忠
6	25	石少华
7	22	罗云

续表

序号	发文量/篇	作者
8	22	蒋黔贵
9	21	刘青峰
10	21	李强
11	20	王静
12	20	张军
13	19	李斌
14	19	刘铁民
15	19	齐二石
16	18	杨辉
17	18	张后启
18	15	刘平
19	15	刘伟
20	14	王敏

2.7.3 机构分析

如图 2-14 所示，在 1997～2018 年的数据中，对劳动管理学内容进行研究较为深入的前 20 名机构分别为中国人民大学、武汉理工大学、中国矿业大学、武汉大学商学院、西南财经大学、华中科技大学、中山大学、天津大学管理学院、南京大学、东北财经大学、首都经济贸易大学、四川大学工商管理学院、清华大学、西安交通大学、中国社会科学院工业经济研究所、华南理工大学工商管理学院、应急管理部（原国家安全生产监督管理局）、浙江大学管理学院、北京交通大学经济管理学院、河北经贸大学。其中，最关注劳动管理学这一主题的机构为中国人民大学，见表 2-14。

表 2-14　劳动管理学学科发文量前 20 名机构（1997～2018 年）

序号	发文量/篇	研究机构
1	196	中国人民大学
2	90	武汉理工大学
3	87	中国矿业大学
4	80	武汉大学商学院

续表

序号	发文量/篇	研究机构
5	79	西南财经大学
6	75	华中科技大学
7	68	中山大学
8	64	天津大学管理学院
9	63	南京大学
10	60	东北财经大学
11	58	首都经济贸易大学
12	49	四川大学工商管理学院
13	46	清华大学
14	42	西安交通大学
15	42	中国社会科学院工业经济研究所
16	42	华南理工大学工商管理学院
17	41	应急管理部（原国家安全生产监督管理局）
18	41	浙江大学管理学院
19	37	北京交通大学经济管理学院
20	35	河北经贸大学

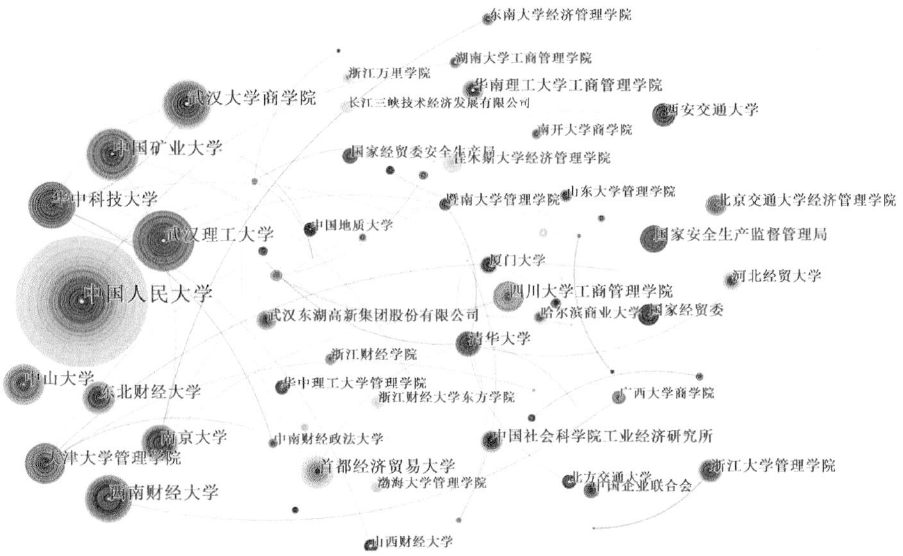

图 2-14　劳动管理学学科的研究机构合作图谱（1997 ~ 2018 年）

2.7.4 研究热点分析

如图2-15所示，在1997～2018年的数据中，人们在研究劳动管理学这一主题过程中，所检索的关键词排名前20的为企业管理、企业、创新、管理、安全生产、安全管理、企业文化、对策、财务管理、管理创新、安全生产工作、现代企业管理、管理人员、中华人民共和国、问题、管理者、市场经济、信息化、管理模式、人力资源管理。人们最为关注的内容为企业管理，见表2-15。

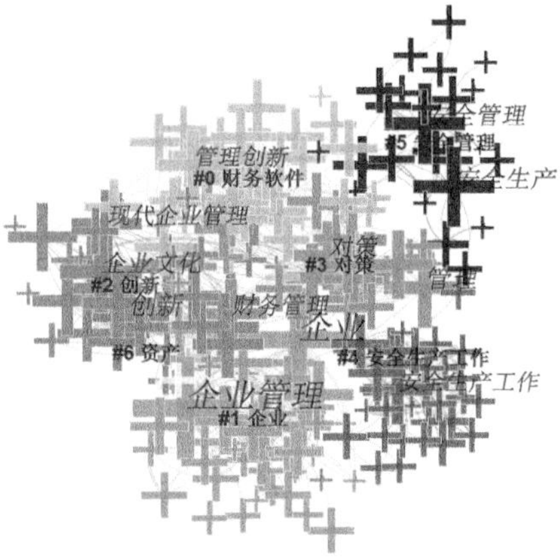

图2-15 劳动管理学学科的关键词共现网络分析（1997～2018年）

表2-15 劳动管理学学科发文量前20名关键词（1997～2018年）

序号	频次	中介中心性	关键词
1	17 766	0.48	企业管理
2	14 035	0.56	企业
3	1 830	0.06	创新
4	1 668	0.08	管理
5	1 364	0.06	安全生产
6	1 245	0.14	安全管理
7	1 197	0.01	企业文化
8	896	0.06	对策
9	885	0.03	财务管理
10	823	0.04	管理创新
11	797	0.23	安全生产工作

续表

序号	频次	中介中心性	关键词
12	726	0.01	现代企业管理
13	705	0.03	管理人员
14	613	0.03	中华人民共和国
15	599	0.07	问题
16	588	0.01	管理者
17	586	0.03	市场经济
18	574	0.03	信息化
19	544	0.01	管理模式
20	536	0.03	人力资源管理

2.8 职业培训学科知识图谱分析

2.8.1 描述性分析

职业培训①，也称职业技能培训，是指对准备就业和已经就业的人员，以开发其职业技能为目的而进行的技术业务知识和实际操作能力的教育与训练（郑培，2017）。新生代农民工职业培训是我国学者的聚焦新领域。

职业培训学是“劳动”这一大主题下的一级词汇之一，其学科编号为 C975，为了查找更为全面的、符合内容的文献，根据“职业培训学”这一一级词汇开拓了相关的二级词汇，本研究选用的二级词汇为人力资源、职业培训、高等职业院校、技工学校、职业训练和职业技能培训。通过对这些二级词汇的深入、详细搜索，以年份作为整体划分的界限，汇总了 1997 ~ 2018 年所有符合职业培训主题内容的文献，共 107 360 篇，筛出重复文章后剩余 49 796 篇。将所得文献作为数据来源，使用 CiteSpace 软件对所得数据进行关键词、作者和机构三个方面的内容比重以及发展趋势的分析。将所得的分析结果进行现状以及趋势的分析，并保存关于关键词、作者以及机构的分析图片，进行结果的详细展示。

① 严格意义上职业培训不是一个学科，但根据《中图法》（第四版）“劳动科学”下列出的“职业培训”，学科编号为 C975，出于研究需要而列出。

2.8.2 作者分析

在 1997 ~2018 年的数据中，撰写了内容相关“职业培训学”论文并发表的作者共有 1600 名，作者之间的联系如图 2-16 所示。由表 2-16 可知，发文量排前 20 的作者为赵曙明、李世聪、刘善仕、刘颖、尹蔚民、王丹、张向前、李静、林泽炎、李燕萍、张小建、李莉、彭剑锋、张伟、吴泷、王颖、李敏、叶文琴、刘芳、张敏。总发文量最多的是赵曙明。

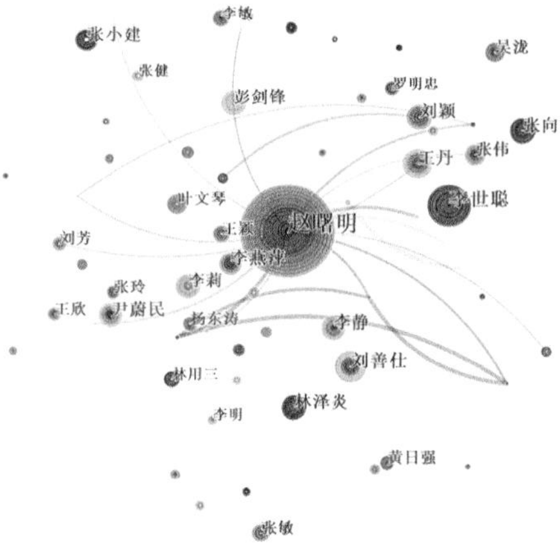

图 2-16 职业培训学学科的研究作者合作图谱（1997 ~2018 年）

表 2-16 职业培训学学科发文量前 20 名作者（1997 ~2018 年）

序号	发文量/篇	作者
1	102	赵曙明
2	45	李世聪
3	36	刘善仕
4	32	刘颖
5	32	尹蔚民
6	31	王丹
7	30	张向前
8	29	李静
9	28	林泽炎
10	28	李燕萍
11	28	张小建

续表

序号	发文量/篇	作者
12	27	李莉
13	26	彭剑锋
14	25	张伟
15	23	吴泷
16	22	王颖
17	22	李敏
18	22	叶文琴
19	20	刘芳
20	20	张敏

2.8.3 机构分析

如图 2-17 所示，在 1997 ~2018 年的数据中，对职业培训学内容进行研究较为深入的前 20 名机构分别为中国人民大学、南京大学、武汉大学、武汉理工大学、中南财经政法大学、四川大学、西南财经大学、华中科技大学、河海大学、首都经济贸易大学、南开大学、北京大学、中国人事科学研究院、浙江大学、华南理工大学、广西大学、西安交通大学、厦门大学、中南大学、张家口煤矿机械制造高级技工学校。其中，最关注职业培训学这一主题的机构为中国人民大学，见表 2-17。

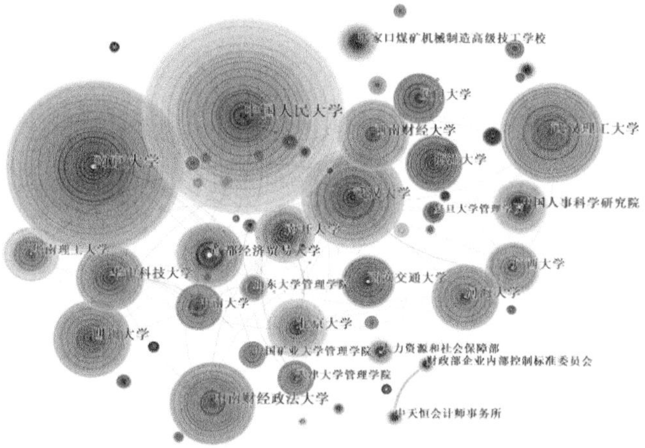

图 2-17　职业培训学学科的研究机构合作图谱（1997 ~2018 年）

表 2-17　职业培训学学科发文量前 20 名机构（1997～2018 年）

序号	发文量/篇	研究机构
1	351	中国人民大学
2	307	南京大学
3	188	武汉大学
4	180	武汉理工大学
5	154	中南财经政法大学
6	145	四川大学
7	129	西南财经大学
8	125	华中科技大学
9	125	河海大学
10	123	首都经济贸易大学
11	118	南开大学
12	114	北京大学
13	106	中国人事科学研究院
14	105	浙江大学
15	103	华南理工大学
16	102	广西大学
17	101	西安交通大学
18	95	厦门大学
19	85	中南大学
20	80	张家口煤矿机械制造高级技工学校

2.8.4　研究热点分析

如图 2-18 所示，在 1997～2018 年的数据中，人们在研究职业培训学这一主题过程中，所检索的关键词排名前 20 的为人力资源、人力资源管理、企业、企业管理、人力资源开发、高职院校、对策、职业培训、管理、人力资本、人力资源会计、技工学校、开发、问题、激励机制、创新、知识经济、中小企业、中等专业学校、人力资源规划。人们最关注的内容为人力资源，见表 2-18。

表 2-18　职业培训学学科发文量前 20 名关键词（1997～2018 年）

序号	频次	中介中心性	关键词
1	13 674	0. 23	人力资源

续表

序号	频次	中介中心性	关键词
2	11 841	0. 22	人力资源管理
3	3 406	0. 25	企业
4	2 797	0. 16	企业管理
5	2 439	0. 14	人力资源开发
6	2 121	0. 09	高职院校
7	1 953	0. 06	对策
8	1 868	0. 18	职业培训
9	1 737	0. 04	管理
10	1 721	0. 05	人力资本
11	1 599	0. 02	人力资源会计
12	1 059	0. 06	技工学校
13	943	0. 02	开发
14	861	0. 03	问题
15	795	0. 02	激励机制
16	780	0. 03	创新
17	746	0. 02	知识经济
18	668	0. 02	中小企业
19	645	0. 02	中等专业学校
20	631	0. 03	人力资源规划

图 2-18　职业培训学学科的关键词共现网络分析（1997 ~ 2018 年）

2.9 劳动社会学学科知识图谱分析

2.9.1 描述性分析

劳动社会学是一门研究劳动者及其行为、劳动关系、劳动组织、劳动制度和劳动社会过程，以揭示劳动社会的结构、功能及其运动规律的一门社会学分支学科。马克思的社会分化、阶级斗争和劳资冲突的理论，迪尔凯姆的社会分工和团结以及韦伯的理性化和科层制等理论都对劳动社会学有着理论奠基的作用（潘锦棠，1992；Grint，1998）。

劳动社会学是“劳动”这一大主题下的一级词汇之一，其学科编号为C976.1，为了查找更为全面的、符合内容的文献，根据“劳动社会学”这一一级词汇开拓了相关的二级词汇，本研究选用的二级词汇为劳动者行为、劳动组织、劳动制度、劳动社会过程、社会救助。通过对这些二级词汇的深入、详细搜索，以年份作为整体划分的界限，汇总了1950～2018年所有符合劳动社会学主题内容的文献，共27 903篇，筛除重复文章后26 288篇。将所得文献作为数据来源，使用CiteSpace软件对所得数据进行关键词、作者和机构三个方面的内容比重以及发展趋势的分析。将所得的分析结果进行现状以及趋势的分析，并保存关于关键词、作者以及机构的分析图片，进行结果的详细展示。

2.9.2 作者分析

在1950～2018年的数据中，撰写了内容相关“劳动社会学”论文并发表的作者共有2102名，作者之间的联系如图2-19所示。由表2-19可知，发文量排前20的作者为董宏达、许辉、唐钧、张浩森、林闽钢、叶祝颐、张蔚蓝、江治强、史洪举、赵玉海、朱勋克、徐祖荣、冯元、王磊、蒋悟真、钟玉英、高冬梅、李立国、郭健美、丁建定。总发文量最多的是董宏达。

表2-19　劳动社会学学科发文量前20名作者（1950～2018年）

序号	发文量/篇	作者
1	83	董宏达
2	38	许辉
3	37	唐钧
4	35	张浩森

续表

序号	发文量/篇	作者
5	32	林闽钢
6	25	叶祝颐
7	24	张蔚蓝
8	24	江治强
9	24	史洪举
10	24	赵玉海
11	24	朱勋克
12	20	徐祖荣
13	17	冯元
14	17	王磊
15	17	蒋悟真
16	16	钟玉英
17	16	高冬梅
18	16	李立国
19	15	郭健美
20	15	丁建定

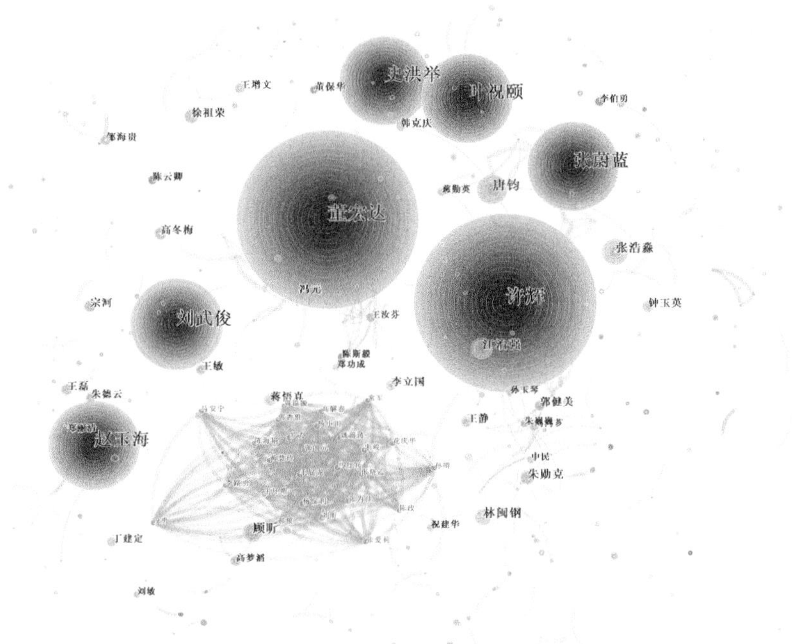

图 2-19　劳动社会学学科的研究作者合作图谱（1950 ~ 2018 年）

2.9.3 机构分析

如图 2-20 所示，在 1950 ~ 2018 年的数据中，对劳动社会学内容进行研究较为深入的前 20 名机构分别为民政部新闻办、中国人民大学、中国社会保障学会社会救助分会、南京大学、省民政厅、中国社会科学院、武汉大学、新华网舆情监测分析中心、市民政局、吉林省民政厅、重庆市民政局、司法部《中国司法》杂志、民政部社会福利和社会事务司、江西省民政厅、湖南省民政厅、四川大学、甘肃省民政厅、浙江省民政厅、北京师范大学、郑州大学公共管理学院。其中，最关注劳动社会学这一主题的机构为民政部新闻办，见表 2-20。

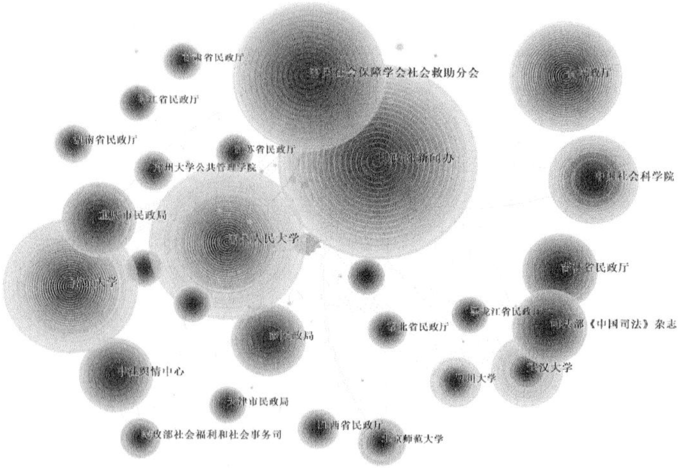

图 2-20 劳动社会学学科的研究机构合作图谱（1950 ~ 2018 年）

表 2-20 劳动社会学学科发文量前 20 名机构（1950 ~ 2018 年）

序号	发文量/篇	研究机构
1	1019	民政部新闻办
2	796	中国人民大学
3	766	中国社会保障学会社会救助分会
4	740	南京大学
5	552	省民政厅
6	538	中国社会科学院
7	488	武汉大学
8	483	新华网舆情监测分析中心

续表

序号	发文量/篇	研究机构
9	483	市民政局
10	421	吉林省民政厅
11	421	重庆市民政局
12	416	司法部《中国司法》杂志
13	359	民政部社会福利和社会事务司
14	352	江西省民政厅
15	291	湖南省民政厅
16	287	四川大学
17	285	甘肃省民政厅
18	282	浙江省民政厅
19	273	北京师范大学
20	233	郑州大学公共管理学院

2.9.4 研究热点分析

如图 2-21 所示，在 1950 ~ 2018 年的数据中，人们在研究劳动社会学这一主题过程中，所检索的关键词排名前 20 的为社会救助、社会保障、医疗救助、分配制度、救助、社会救助制度、农村、社会救助体系、流浪乞讨人员、对策、低保对象、劳动合同、弱势群体、最低生活保障、劳动争议、最低生活保障制度、劳动关系、问题、劳动者、民政部门。人们最为关注的内容为社会救助，见表 2-21。

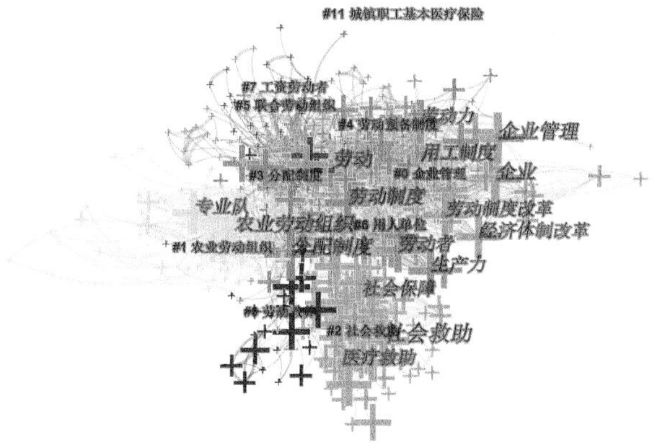

图 2-21　劳动社会学学科的关键词共现网络分析（1950 ~ 2018 年）

表 2-21　社会劳动学学科发文量前 20 名关键词（1950～2018 年）

序号	频次	中介中心性	关键词
1	2158	0.2	社会救助
2	736	0.07	社会保障
3	585	0.12	医疗救助
4	522	0.01	分配制度
5	402	0.09	救助
6	347	0.13	社会救助制度
7	330	0.05	农村
8	318	0.1	社会救助体系
9	303	0.04	流浪乞讨人员
10	299	0.05	对策
11	269	0.27	低保对象
12	245	0.01	劳动合同
13	242	0.01	弱势群体
14	242	0.03	最低生活保障
15	220	0	劳动争议
16	217	0.03	最低生活保障制度
17	211	0.05	劳动关系
18	207	0.05	问题
19	206	0.02	劳动者
20	195	0.1	民政部门

2.10　劳动安全卫生学学科知识图谱分析

2.10.1　描述性分析

劳动安全卫生学①，又称劳动保护、职业安全健康，是以保障职工在职业活动过程中的安全与健康为目的的工作领域及在法律、技术、设备、组织制度和教

① 劳动安全卫生学，现又称安全科学与工程。2011 年 2 月 12 日，国务院学位委员会第二十八次会议通过的《学位授予和人才培养学科目录（2011 年）》，将安全科学与工程单列为一级学科，代码为 0837。

育等方面所采取的相应措施。劳动安全，也称职业安全，是指用人单位应保证劳动场所无危及劳动者生命安全的伤害事故发生。劳动卫生，也称职业健康，是指用人单位应保证劳动场所无危及劳动者身体健康的慢性职业危害发生。

劳动安全卫生学是“劳动”这一大主题下的一级词汇之一，其学科编号为 C976.2，为了查找更为全面的、符合内容的文献，根据“劳动安全卫生学”这一一级词汇开拓了相关的二级词汇，本研究选用的二级词汇为劳动安全、劳动卫生、劳动保护、工业卫生、职业卫生、职业病、劳动医学。通过对这些二级词汇的深入、详细搜索，以年份作为整体划分的界限，汇总了 1953 ~ 2018 年所有符合劳动安全卫生学主题内容的文献，共 47 030 篇，筛除重复文章后 44 773 篇。将所得文献作为数据来源，使用 CiteSpace 软件对所得数据进行关键词、作者和机构三个方面的内容比重以及发展趋势的分析。将所得的分析结果进行现状以及趋势的分析，并保存关于关键词、作者以及机构的分析图片，进行结果的详细展示。

2.10.2 作者分析

在 1953 ~ 2018 年的数据中，撰写了内容相关“劳动安全卫生学”论文并发表的作者共有 2111 名，作者之间的联系如图 2-22 所示。由表 2-22 可知，发文量排前 20 的作者为刘移民、汪昌莲、李涛、张敏、朱宝立、顾祖维、苏世标、王篯兰、俞文兰、李国宏、宁丙文、朱志良、顾学箕、邵华、张金龙、陈刚、李盛、孙伟、梁友信、王丽华。总发文量最多的是刘移民。

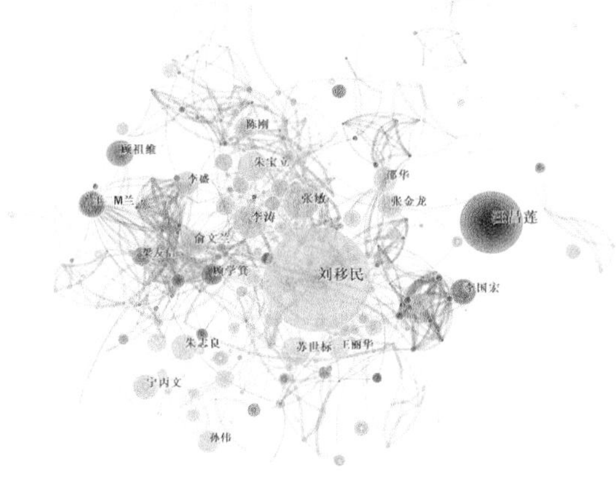

图 2-22 劳动安全卫生学学科的研究作者合作图谱（1953 ~ 2018 年）

CiteSpace 软件不识别汉字“篯”而自动用口 M 来代替，因此图 2-22 中的王口 M 兰是指王篯兰

表 2-22 劳动安全卫生学学科发文量前 20 名作者（1953～2018 年）

序号	发文量/篇	作者
1	134	刘移民
2	112	汪昌莲
3	48	李涛
4	47	张敏
5	40	朱宝立
6	40	顾祖维
7	40	苏世标
8	38	王簃兰
9	38	俞文兰
10	36	李国宏
11	36	宁丙文
12	36	朱志良
13	36	顾学箕
14	35	邵华
15	35	张金龙
16	33	陈刚
17	32	李盛
18	31	孙伟
19	30	梁友信
20	30	王丽华

2.10.3 机构分析

如图 2-23 所示，在 1953～2018 年的数据中，对劳动安全卫生学内容进行研究较为深入的前 20 名机构分别为中国疾病预防控制中心职业卫生与中毒控制所、广东省职业病防治院、四川省雅安市人民医院、山东省职业卫生与职业病防治研究院、中国人民大学劳动人事学院、中国预防医学科学院劳动卫生与职业病研究所、应急管理部信息研究院（原国家安全生产监督管理总局信息研究院）、章丘市人力资源和社会保障局、浙江省永康市劳动人事仲裁院、杭州市应急管理局（原杭州市安全生产监督管理局）、天津市和平区人民法院、河北省现代农业产业技术体系奶牛产业创新团队、江苏省疾病预防控制中心、广州市职业病防治院、中国辐射防护研究院、中国安全生产科学研究院、中国疾病预防控制中心辐射防护与核安全医学所、山东省劳动卫生职业病防治研究所、广西壮族自治区职业病防治研究院、深圳市职业病防治院。其中，最关注劳动安全卫生学这一主题的机构为中国疾病预防控制中心职业卫生与中毒控制所，见表 2-23。

图 2-23　劳动安全卫生学学科的研究机构合作图谱（1953～2018 年）

表 2-23　劳动安全卫生学学科发文量前 20 名机构（1953～2018 年）

序号	发文量/篇	研究机构
1	241	中国疾病预防控制中心职业卫生与中毒控制所
2	210	广东省职业病防治院
3	178	四川省雅安市人民医院
4	166	山东省职业卫生与职业病防治研究院
5	153	中国人民大学劳动人事学院
6	118	中国预防医学科学院劳动卫生与职业病研究所
7	116	应急管理部信息研究院（原国家安全生产监督管理总局信息研究院）
8	112	章丘市人力资源和社会保障局
9	112	浙江省永康市劳动人事仲裁院
10	112	杭州市应急管理局（原杭州市安全生产监督管理局）
11	112	天津市和平区人民法院
12	112	河北省现代农业产业技术体系奶牛产业创新团队
13	107	江苏省疾病预防控制中心
14	98	广州市职业病防治院
15	94	中国辐射防护研究院

续表

序号	发文量/篇	研究机构
16	93	中国安全生产科学研究院
17	90	中国疾病预防控制中心辐射防护与核安全医学所
18	84	山东省劳动卫生职业病防治研究所
19	79	广西壮族自治区职业病防治研究院
20	78	深圳市职业病防治院

2.10.4 研究热点分析

如图 2-24 所示，在 1953 ~2018 年的数据中，人们在研究劳动安全卫生学这一主题过程中，所检索的关键词排名前 20 的为职业卫生、职业病、劳动卫生、劳动保护、职业危害、施工安全、企业、职业病危害、企业管理、辐射防护、职业病防治、劳动安全、职业安全、尘肺、职业性疾病、职业病危害因素、劳动者、劳动、生产力、用人单位。人们最关注的内容为职业卫生，见表 2-24。

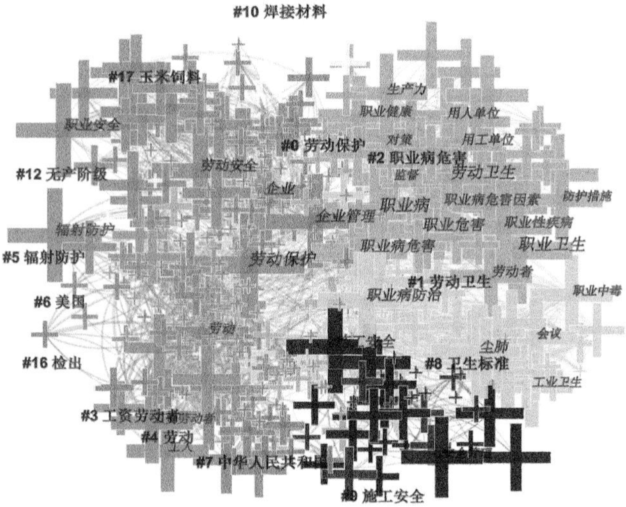

图 2-24　劳动安全卫生学学科的关键词共现网络分析（1953 ~2018 年）

表 2-24　劳动安全卫生学学科发文量前 20 名关键词（1953 ~2018 年）

序号	频次	中介中心性	关键词
1	5418	0	职业卫生
2	5304	0	职业病

续表

序号	频次	中介中心性	关键词
3	4285	0	劳动卫生
4	3875	0	劳动保护
5	3516	0	职业危害
6	2389	0	施工安全
7	2341	0	企业
8	2333	0	职业病危害
9	2201	0	企业管理
10	1926	0	辐射防护
11	1909	0	职业病防治
12	1797	0	劳动安全
13	1642	0	职业安全
14	1598	0	尘肺
15	1274	0	职业性疾病
16	1127	0	职业病危害因素
17	1031	0	劳动者
18	929	0	劳动
19	919	0	生产力
20	899	0	用人单位

2.11 劳动计量学学科知识图谱分析

2.11.1 描述性分析

劳动岗位的三维要素包括劳动能力、劳动强度、劳动条件与环境。这就需要统一的劳动能力指标和劳动强度指标的衡量标准。劳动计量的目的是测定劳动在形成有效使用价值过程中作为劳动这一行为主体——人的能力的消费，劳动计量的前提是在有实实在在的劳动成果之后针对形成这一劳动成果所付出劳动量多少的进行计量。

劳动计量学是“劳动”这一大主题下的一级词汇之一，其学科编号为C976.7，为了查找更为全面的、符合内容的文献，根据“劳动计量学”这一一级词汇开拓了相关的二级词汇，本研究选用的二级词汇为劳动量、劳动时间、体力劳动、脑力劳动、劳动成果。通过对这些二级词汇的深入、详细搜索，以年份作为整体划分的界限，汇总了 1952 ~ 2018 年所有符合劳动计量学主题内容的文献，共 24 498 篇，筛除重复文章后剩余 24 426 篇。将所得文献作为数据来源，使用 CiteSpace 软件对所得数据进行关键词、作者和机构三个方面的内容比重以及发展趋势的分析。将所得的分析结果进行现状以及趋势的分析，并保存关于关键词、作者以及机构的分析图片，进行结果的详细展示。

2.11.2 作者分析

在 1952 ~ 2018 年的数据中，撰写了内容相关“劳动计量学”论文并发表的作者共有 1299 名，作者之间的联系如图 2-25 所示。由表 2-25 可知，发文量排前 20 的作者为关柏春、卓炯、卫兴华、李松龄、陈振羽、蔡继明、钱伯海、胡义成、李江帆、王峰明、朱勋克、徐祖荣、冯元、王磊、蒋悟真、钟玉英、高冬梅、李立国、郭健美、丁建定。总发文量最多的是关柏春。

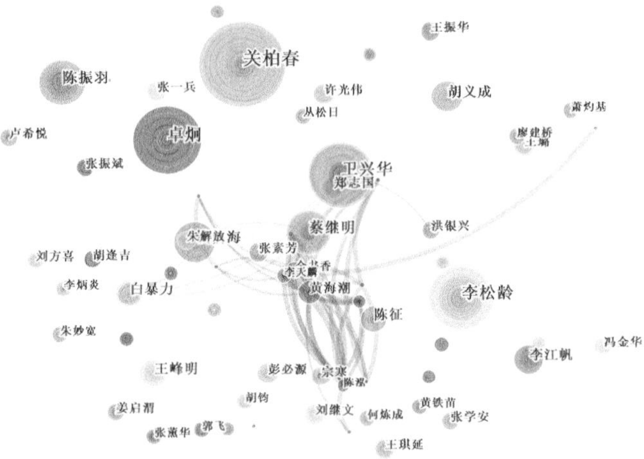

图 2-25　劳动计量学学科的研究作者合作图谱（1952 ~ 2018 年）

表 2-25　劳动计量学学科发文量前 20 名作者（1952 ~ 2018 年）

序号	发文量/篇	作者
1	51	关柏春
2	40	卓炯

续表

序号	发文量/篇	作者
3	39	卫兴华
4	37	李松龄
5	27	陈振羽
6	26	蔡继明
7	24	钱伯海
8	18	胡义成
9	17	李江帆
10	16	王峰明
11	15	朱勋克
12	15	徐祖荣
13	13	冯元
14	13	王磊
15	12	蒋悟真
16	12	钟玉英
17	12	高冬梅
18	12	李立国
19	12	郭健美
20	11	丁建定

2.11.3 机构分析

如图 2-26 所示，在 1952 ~2018 年的数据中，对劳动计量学内容进行研究较为深入的前 20 名机构分别为中国人民大学、中国社会科学院、厦门大学、北京大学马克思主义学院、上海财经大学经济学院、南开大学经济研究所、四川大学、湖南大学经济研究中心、华南师范大学、中南财经政法大学（原中南财经大学）、北京大学、福建师范大学、吉林省社会科学院经济研究所、清华大学马克思主义学院、西南财经大学、南京大学哲学系、西北大学经济管理学院、南京大学、中共中央党校（国家行政学院）（原中共中央党校）、陕西省社会科学院、中共广东省委党校（广东行政学院）（原中共广东省委党校）。其中，最关注劳动计量学这一主题的机构为中国人民大学，见表 2-26。

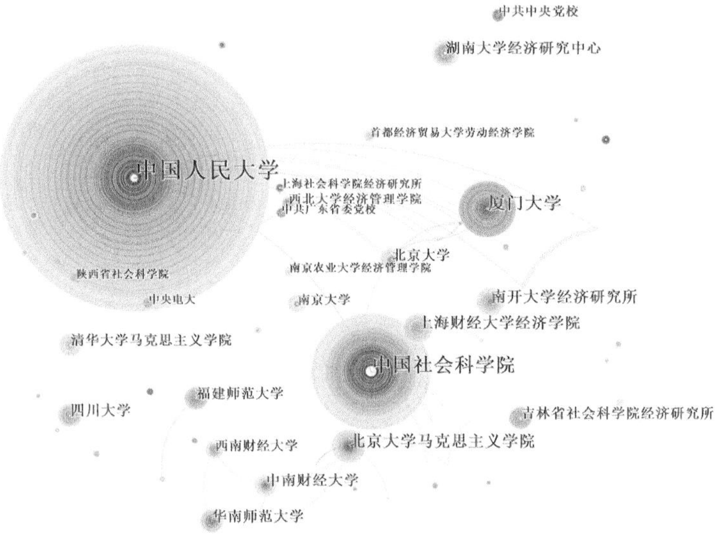

图 2-26　劳动计量学学科的研究机构合作图谱（1952～2018 年）

表 2-26　劳动计量学学科发文量前 20 名机构（1952～2018 年）

序号	发文量/篇	研究机构
1	333	中国人民大学
2	155	中国社会科学院
3	79	厦门大学
4	51	北京大学马克思主义学院
5	43	上海财经大学经济学院
6	41	南开大学经济研究所
7	40	四川大学
8	40	湖南大学经济研究中心
9	35	华南师范大学
10	34	中南财经政法大学（原中南财经大学）
11	33	北京大学
12	32	福建师范大学
13	29	吉林省社会科学院经济研究所
14	29	清华大学马克思主义学院
15	24	西南财经大学
16	22	南京大学哲学系

续表

序号	发文量/篇	研究机构
17	22	西北大学经济管理学院
18	21	中共中央党校（国家行政学院）（原中共中央党校）
19	14	陕西省社会科学院
20	14	中共广东省委党校（广东行政学院）（原中共广东省委党校）

2.11.4 研究热点分析

如图 2-27 所示，在 1952 ~ 2018 年的数据中，人们在研究劳动计量学这一主题过程中，所检索的关键词排名前 20 的为工作量、劳动量、体力劳动、生产力、马克思、社会必要劳动时间、思想体系、企业、企业管理、劳动价值论、劳动者、劳动、生产方式、社会主义、按劳分配、劳动生产率、分配制度、价值规律、经济体制、商品。人们最关注的内容为工作量，见表 2-27。

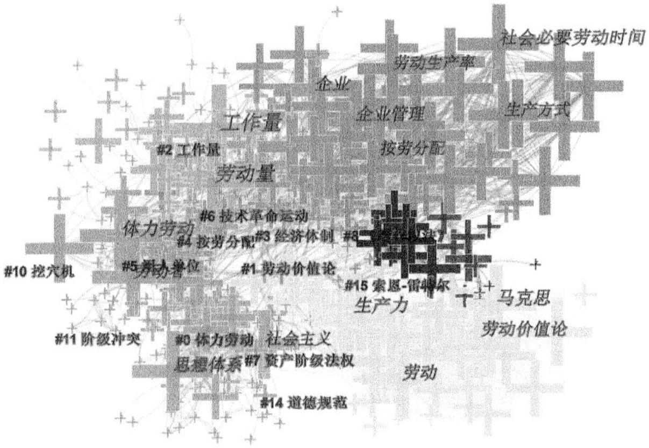

图 2-27　劳动计量学学科的关键词共现网络分析（1952 ~ 2018 年）

表 2-27　劳动计量学学科发文量前 20 名关键词（1952 ~ 2018 年）

序号	频次	中介中心性	关键词
1	4239	0	工作量
2	3777	0	劳动量
3	2234	0	体力劳动
4	1975	0	生产力

续表

序号	频次	中介中心性	关键词
5	1522	0	马克思
6	1507	0	社会必要劳动时间
7	1381	0	思想体系
8	1314	0	企业
9	1307	0	企业管理
10	1256	0	劳动价值论
11	1182	0	劳动者
12	1159	0	劳动
13	1047	0	生产方式
14	1038	0	社会主义
15	1007	0	按劳分配
16	988	0	劳动生产率
17	828	0	分配制度
18	765	0	价值规律
19	764	0	经济体制
20	752	0	商品

2.12 劳动统计学学科知识图谱分析

2.12.1 描述性分析

劳动统计学是研究劳动统计理论和方法的科学，是社会经济统计学的分支。劳动统计以劳动者为统计对象，劳动者的行为具有选择性和不确定性，这也决定了劳动统计的指标数据往往具有隐蔽性（胡燕，2000）。

劳动统计学是“劳动”这一大主题下的一级词汇之一，其学科编号为C976.8，为了查找更为全面的、符合内容的文献，根据“劳动统计学”这一一级词汇开拓了相关的二级词汇，本研究选用的二级词汇为劳动人数统计、劳动力统计指标、劳动力统计方法、劳动力统计体制、劳动力市场统计。通过对这些二级词汇的深入、详细搜索，以年份作为整体划分的界限，汇总了1981～2018年所有符合劳动统计主题内容的文献，共7716篇，筛除重复文章后剩余7672篇。

将所得文献作为数据来源，使用 CiteSpace 软件对所得数据进行关键词、作者和机构三个方面的内容比重以及发展趋势的分析。将所得的分析结果进行现状以及趋势的分析，并保存关于关键词、作者以及机构的分析图片，进行结果的详细展示。

2.12.2 作者分析

在 1981 ~ 2018 年的数据中，撰写了内容相关“劳动统计学”论文并发表的作者共有 207 名，作者之间的联系如图 2-28 所示。由表 2-28 可知，发文量排前 20 的作者为孟斌荣、胡鞍钢、隗斌贤、蔡昉、宋长青、陈诗一、李唐、杨宜勇、廖颖林、马永堂、刘霞辉、程虹、杨再贵、李伟、张军、张车伟、徐蔼婷、赵峰、李晓东、陈斯毅。总发文量最多的是孟斌荣。

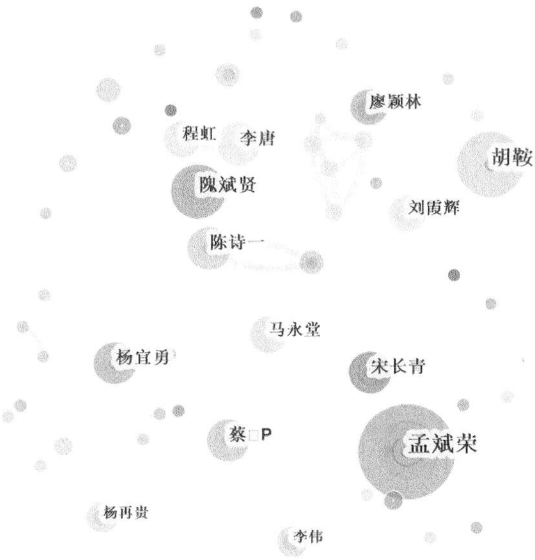

图 2-28　劳动统计学学科的研究作者合作图谱（1981 ~ 2018 年）

表 2-28　劳动统计学学科发文量前 20 名作者（1981 ~ 2018 年）

序号	发文量/篇	作者
1	16	孟斌荣
2	11	胡鞍钢
3	9	隗斌贤
4	7	蔡昉
5	7	宋长青
6	7	陈诗一

续表

序号	发文量/篇	作者
7	7	李唐
8	7	杨宜勇
9	6	廖颖林
10	6	马永堂
11	6	刘霞辉
12	6	程虹
13	5	杨再贵
14	5	李伟
15	4	张军
16	4	张车伟
17	4	徐蔼婷
18	3	赵峰
19	3	李晓东
20	3	陈斯毅

2.12.3 机构分析

如图 2-29 所示，在 1981 ~2018 年的数据中，对劳动统计学内容进行研究较为深入的前 20 名机构分别为国家统计局、中国建筑业协会、贵州省织金县统计

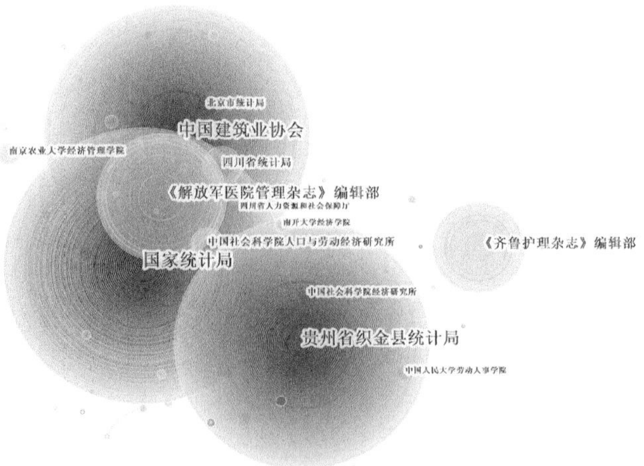

图 2-29　劳动统计学学科的研究机构合作图谱（1981 ~2018 年）

局、《解放军医院管理杂志》编辑部、《齐鲁护理杂志》编辑部、中国社会科学院人口与劳动经济研究所、中国人民大学劳动人事学院、四川省统计局、南京农业大学经济管理学院、北京市统计局、武汉大学质量发展战略研究院、四川省人力资源和社会保障厅、南开大学经济学院、复旦大学中国社会主义市场经济研究中心、中国人民大学经济学院、住房和城乡建设部计划财务与外事司、复旦大学经济学院、清华大学经济管理学院、人力资源和社会保障部（原劳动和社会保障部）、浙江大学。其中，最关注劳动统计学这一主题的机构为国家统计局，见表 2-29。

表 2-29　劳动统计学学科发文量前 20 名机构（1981～2018 年）

序号	发文量/篇	研究机构
1	148	国家统计局
2	138	中国建筑业协会
3	132	贵州省织金县统计局
4	65	《解放军医院管理杂志》编辑部
5	46	《齐鲁护理杂志》编辑部
6	30	中国社会科学院人口与劳动经济研究所
7	26	中国人民大学劳动人事学院
8	20	四川省统计局
9	12	南京农业大学经济管理学院
10	11	北京市统计局
11	9	武汉大学质量发展战略研究院
12	8	四川省人力资源和社会保障厅
13	8	南开大学经济学院
14	7	复旦大学中国社会主义市场经济研究中心
15	6	中国人民大学经济学院
16	6	住房和城乡建设部计划财务与外事司
17	6	复旦大学经济学院
18	5	清华大学经济管理学院
19	5	人力资源和社会保障部（原劳动和社会保障部）
20	5	浙江大学

2.12.4　关键词分析

如图 2-30 所示，在 1981～2018 年的数据中，人们在研究劳动统计学这一主题过程中，所检索的关键词排名前 20 的为参考文献、经济增长、劳动、劳动生产率、全要素生产率、就业、企业、劳动统计、企业管理、论文统计、产业结构、财政管理、劳动工资统计、劳动力、人力资本、撰写论文、影响因素、文献排序、技术进步、失业统计。人们最为关注的内容是参考文献，见表 2-30。

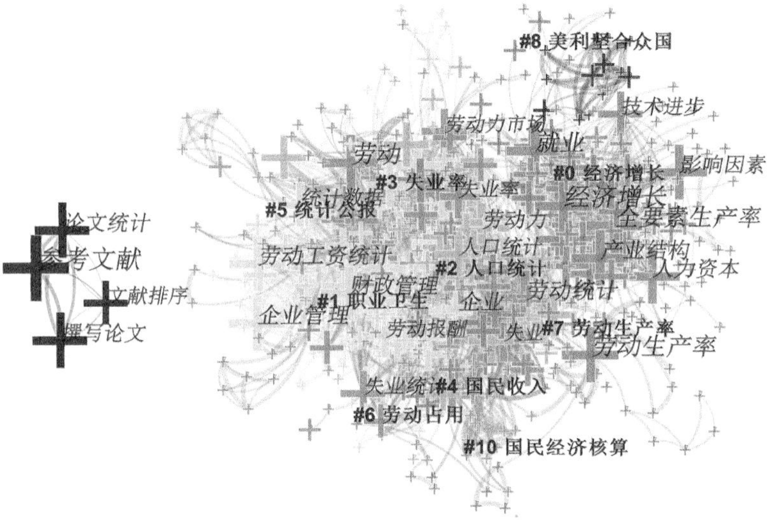

图 2-30　劳动统计学学科的研究关键词图谱（1981～2018 年）

表 2-30　劳动统计学学科发文量前 20 名关键词（1981～2018 年）

序号	频次	中介中心性	关键词
1	501	0	参考文献
2	381	0	经济增长
3	314	0	劳动
4	307	0	劳动生产率
5	263	0	全要素生产率
6	253	0	就业
7	227	0	企业
8	225	0	劳动统计
9	211	0	企业管理
10	183	0	论文统计
11	183	0	产业结构
12	177	0	财政管理
13	165	0	劳动工资统计

续表

序号	频次	中介中心性	关键词
14	164	0	劳动力
15	154	0	人力资本
16	150	0	撰写论文
17	148	0	影响因素
18	134	0	文献排序
19	123	0	技术进步
20	116	0	失业统计

2.13 劳动社会保障学学科知识图谱分析

2.13.1 描述性分析

社会保障学是研究社会保障本质关系及其运动规律的科学，即研究以国家（社会）为主体对国民收入进行分配和再分配，以保障社会成员，特别是因丧失劳动能力或失业而生存发生困难的社会成员基本生活需要的特殊分配关系及其发展规律性。在中国，社会保障学的学科渊源可以追溯到 20 世纪 80 年代末，社会保障学被划归为公共管理一级学科下属的二级学科，其学科基础融合了经济学、管理学、社会学、政治学、法学、历史学等多学科的精髓与要旨，具有综合性（孟颖颖，2013）。

社会保障学是“劳动”这一大主题下的一级词汇之一，其学科编号为 C979，为了查找更为全面的、符合内容的文献，根据“社会保障学”这一一级词汇开拓了相关的二级词汇，本研究选用的二级词汇为劳动保障、企业补助、社会保障、医疗保障、养老保险、失业保险、工伤保险、生育保险。通过对这些二级词汇的深入、详细搜索，以年份作为整体划分的界限，汇总了 1982 ~ 2018 年所有符合社会保障学主题内容的文献，共 28 315 篇，筛除重复文章后 27 314 篇。将所得文献作为数据来源，使用 CiteSpace 软件对所得数据进行关键词、作者和机构三个方面的内容比重以及发展趋势的分析，将所得的分析结果进行现状以及趋势的分析，并保存关于关键词、作者以及机构的分析图片，进行结果的详细展示。

2.13.2 作者分析

在 1982 ~ 2018 年的数据中，撰写了内容相关“社会保障学”论文并发表的作者共有 2102 名，作者之间的联系如图 2-31 所示。由表 2-31 可知，发文量排前 20 的作者为晏扬、杨玉龙、向春华、尹蔚民、鲁志峰、钮友宁、叶祝颐、魏文彪、张庆臣、瞿方业、戴先任、王秀丽 、孔江水、木须虫、施倚、张军、潘家永、颜梅生、李新临、于欣华。总发文量最多的是晏扬。

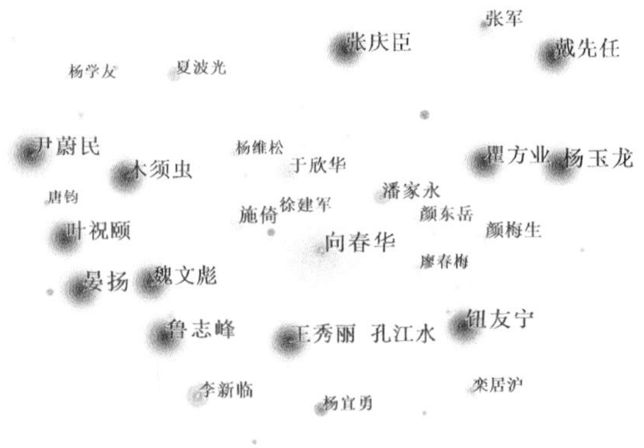

图 2-31　社会保障学学科的研究作者合作图谱（1982 ~ 2018 年）

表 2-31　社会保障学学科发文量前 20 名作者（1982 ~ 2018 年）

序号	发文量/篇	作者
1	112	晏扬
2	111	杨玉龙
3	110	向春华
4	86	尹蔚民
5	81	鲁志峰
6	80	钮友宁
7	73	叶祝颐
8	73	魏文彪
9	72	张庆臣
10	72	瞿方业
11	72	戴先任
12	72	王秀丽

续表

序号	发文量/篇	作者
13	72	孔江水
14	72	木须虫
15	51	施倚
16	50	张军
17	45	潘家永
18	39	颜梅生
19	37	李新临
20	34	于欣华

2.13.3 机构分析

如图 2-32 所示，在 1982 ~2018 年的数据中，对社会保障学内容进行研究较为深入的前 20 名机构分别为中国人民大学、人力资源和社会保障部、中国社会科学院、中国劳动关系学院、武汉大学、重庆市第一中级人民法院、西南政法大学、重庆市第五中级人民法院、人力资源和社会保障部（原劳动和社会保障部）、中国劳动保障科学研究院、四川省人力资源和社会保障厅、江苏省盐城市中级人民法院、市人力资源和社会保障局、山东省淄博市中级人民法院、市委组织部、市人社局、省人力资源和社会保障厅、石景山区法院、华东政法大学、中国劳动和社会保障科学研究院。其中，最关注社会保障学这一主题的机构为中国人民大学，见表 2-32。

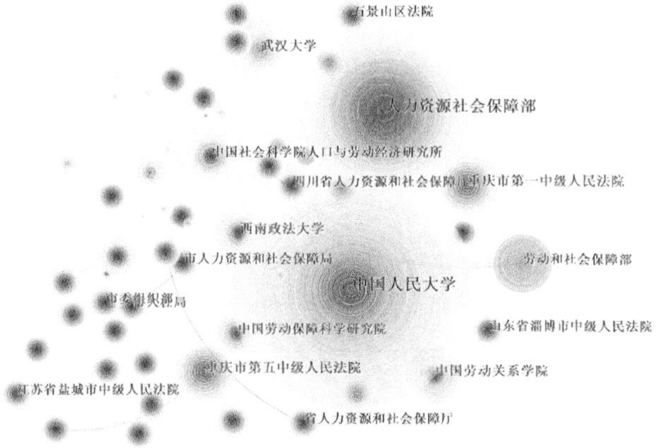

图 2-32　社会保障学学科的研究机构合作图谱（1982 ~2018 年）

表 2-32　社会保障学学科发文量前 20 名机构（1982～2018 年）

序号	发文量/篇	研究机构
1	593	中国人民大学
2	439	人力资源和社会保障部
3	217	中国社会科学院
4	171	中国劳动关系学院
5	164	武汉大学
6	156	重庆市第一中级人民法院
7	154	西南政法大学
8	150	重庆市第五中级人民法院
9	148	人力资源和社会保障部（原劳动和社会保障部）
10	134	中国劳动保障科学研究院
11	118	四川省人力资源和社会保障厅
12	112	江苏省盐城市中级人民法院
13	111	市人力资源和社会保障局
14	111	山东省淄博市中级人民法院
15	111	市委组织部
16	111	市人社局
17	111	省人力资源和社会保障厅
18	111	石景山区法院
19	96	华东政法大学
20	82	中国劳动和社会保障科学研究院

2.13.4　研究热点分析

如图 2-33 所示，在 1982～2018 年的数据中，人们在研究社会保障学这一主题过程中，所检索的关键词排名前 20 的为工伤保险、劳动、劳动保障、社会保险、农民工、就业、企业、劳动保险、企业管理、用人单位、用工单位、失业保险、社会保障、劳动者、养老保险、生产力、工伤、工伤保险待遇、《工伤保险条例》、劳动保障监察。人们最关注的内容是工伤保险，见表 2-33。

表 2-33　社会保障学学科发文量前 20 名关键词（1982～2018 年）

序号	频次	中介中心性	关键词
1	2102	0.04	工伤保险
2	2018	0.03	劳动
3	1993	0.14	劳动保障

续表

序号	频次	中介中心性	关键词
4	1852	0.14	社会保险
5	1809	0.05	农民工
6	1768	0.18	就业
7	1751	0.1	企业
8	1718	0.08	劳动保险
9	1684	0.1	企业管理
10	1495	0.05	用人单位
11	1354	0.03	用工单位
12	1295	0.04	失业保险
13	1274	0.01	社会保障
14	1152	0.12	劳动者
15	1038	0.04	养老保险
16	949	0.09	生产力
17	833	0.01	工伤
18	741	0.1	工伤保险待遇
19	650	0.01	《工伤保险条例》
20	600	0.03	劳动保障监察

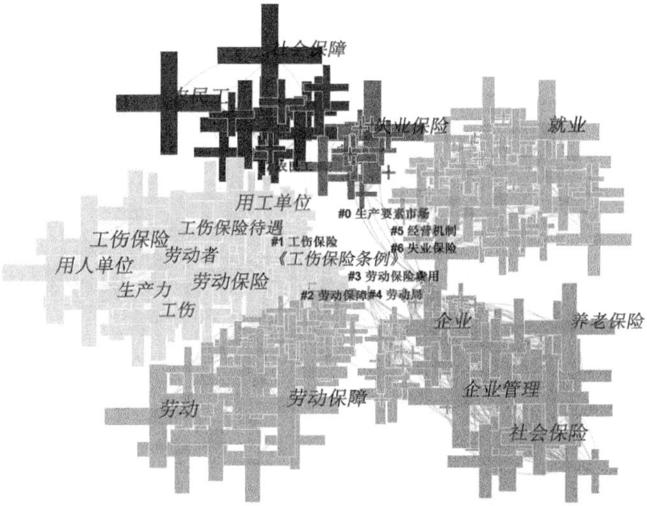

图 2-33 社会保障学学科的关键词共现网络分析（1982～2018 年）

2.14 劳动+一级学科知识图谱分析

运用 CiteSpace 软件，从关键词、作者和机构三个方面对相关数据进行可视化分析，将得到的所有一级词汇的相关数据汇总，制作成可以代表“劳动”这一大主题的总表格，将所有的学科内容汇总起来，可以清楚地展示劳动学科在关键词、作者和机构三方面的发展现状与趋势。

2.14.1 描述性分析

“劳动”作为一级学科，其学科编号为 C97，包含 C970 劳动科学基础理论、C971 劳动经济学、C972 劳动法学、C973 劳动关系学、C974 劳动管理学、C975 职业培训学、C976.1 劳动社会学、C976.2 劳动安全卫生学、C976.7 劳动计量学、C976.8 劳动统计学、C979 社会保障学这 11 个二级学科，本研究将 11 个二级学科的数据汇总来解释劳动学科领域的研究。以年份作为整体划分的界限，将 1926～2018 年所得文献作为数据来源，共分析了 306 955 篇文章，使用 CiteSpace 软件对所得数据进行关键词、作者和机构三个方面的内容比重以及发展趋势的分析。将所得的分析结果进行现状以及趋势的分析，并保存关于关键词、作者以及机构的分析图片，进行结果的详细展示。

2.14.2 作者分析

在 1926～2018 年的数据中，撰写了内容相关“劳动”论文并发表的作者共有 2461 名，作者之间的联系如图 2-34 所示。由表 2-34 可知，发文量排前 10 的作者为蔡昉、张茉楠、杨学友、何勇海、叶祝颐、张培元、许辉、杨玉龙、殷国安、李松龄。总发文量最多的是蔡昉，见表 2-34。

表 2-34　劳动学科发文量前 10 名作者（1926～2018 年）

序号	发文量/篇	作者
1	1245	蔡昉
2	746	张茉楠
3	621	杨学友
4	406	何勇海
5	406	叶祝颐

续表

序号	发文量/篇	作者
6	317	张培元
7	313	许辉
8	312	杨玉龙
9	312	殷国安
10	250	李松龄

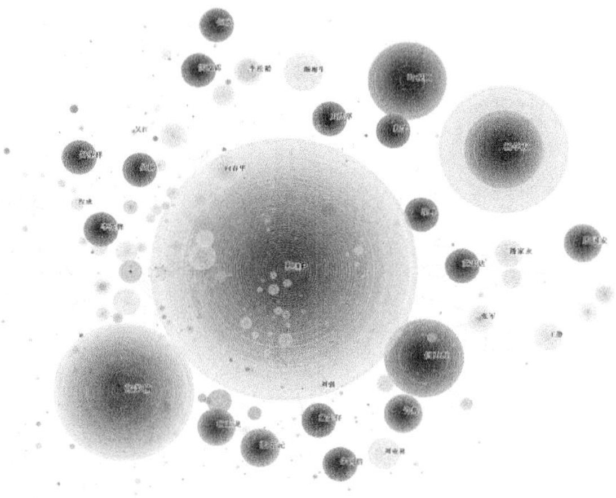

图 2-34　劳动学科的研究作者合作图谱（1926 ~ 2018 年）

CiteSpace 软件不识别汉字“昉”而自动用 P 来代替，因此图 2-34 中的蔡 P 是指中国社会科学学院的蔡昉

2.14.3　机构分析

如图 2-35 所示，在 1926 ~ 2018 年的数据中，对劳动内容进行研究较为深入的前 10 名机构分别为中国社会科学院、中国人民大学、北京大学、武汉大学、中国劳动关系学院、国务院发展研究中心、北京市海淀区人民法院、南京大学、复旦大学、西南政法大学。其中，最关注劳动科学一级学科这一主题的机构为中国社会科学院，见表 2-35。

表 2-35　劳动学科发文量前 10 名机构（1926 ~ 2018 年）

序号	发文量/篇	研究机构
1	8657	中国社会科学院
2	8139	中国人民大学

续表

序号	发文量/篇	研究机构
3	2773	北京大学
4	2476	武汉大学
5	2350	中国劳动关系学院
6	2173	国务院发展研究中心
7	1968	北京市海淀区人民法院
8	1900	南京大学
9	1777	复旦大学
10	1629	西南政法大学

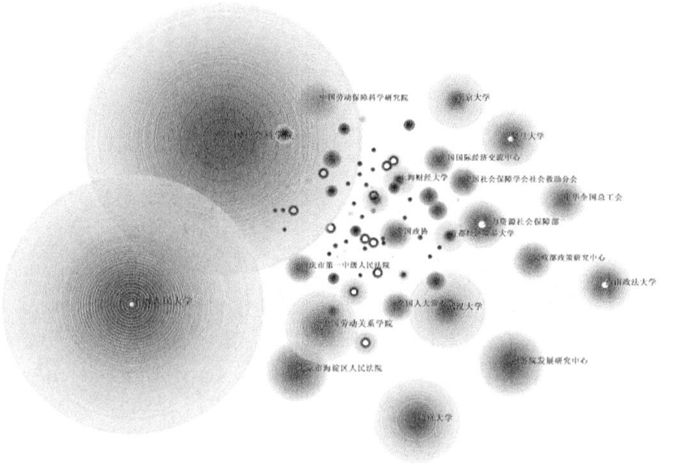

图 2-35　劳动学科的研究机构合作图谱（1926 ~ 2018 年）

2. 14. 4　研究热点分析

如图 2-36 所示，在 1926 ~ 2018 年的数据中，人们在研究劳动这一主题过程中，所检索的关键词排名前 10 的为企业管理、企业、劳动者、生产力、劳动生产率、劳动、劳动报酬、用人单位、用工单位、奖金。人们最关注的内容是企业管理，见表 2-36。

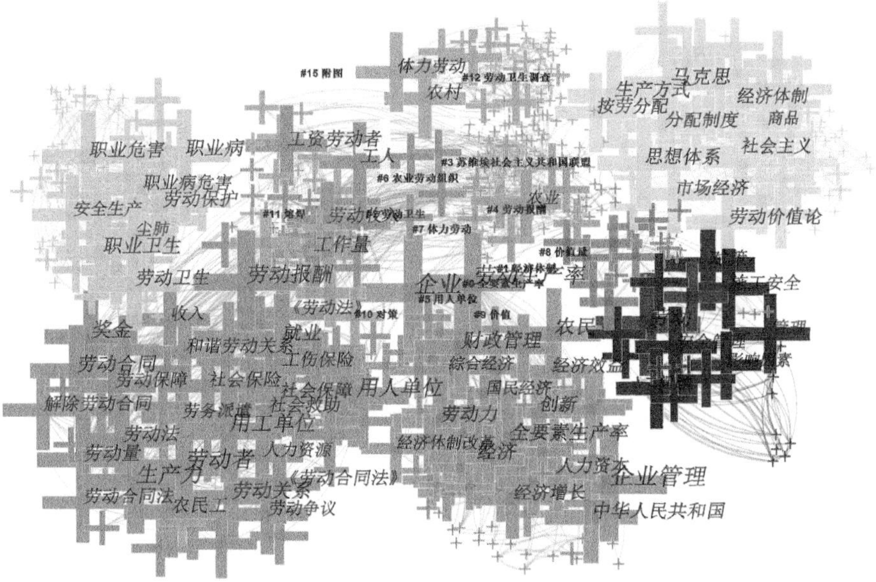

图 2-36 劳动学科的研究关键词图谱（1926～2018 年）

表 2-36 劳动学科发文量前 10 名关键词（1926～2018 年）

序号	频次	关键词
1	33 768	企业管理
2	30 669	企业
3	19 576	劳动者
4	15 068	生产力
5	13 410	劳动生产率
6	12 070	劳动
7	10 952	劳动报酬
8	10 844	用人单位
9	10 034	用工单位
10	7 380	奖金

2.15 劳动+学科显学特征分析

2.15.1 基于权威机构的劳动+学科显学分析

根据表 2-35 劳动科学机构发文量前 10 名的数据，选取了较为重要的前 5 名机构（中国社会科学院、中国人民大学、北京大学、武汉大学、中国劳动关系学院，其中中国劳动关系学院为对比研究机构），分别从 11 个二级学科中，记录关于这五个重点机构的相关发文量，进行表格的汇总并制作成柱状图，见图 2-37。

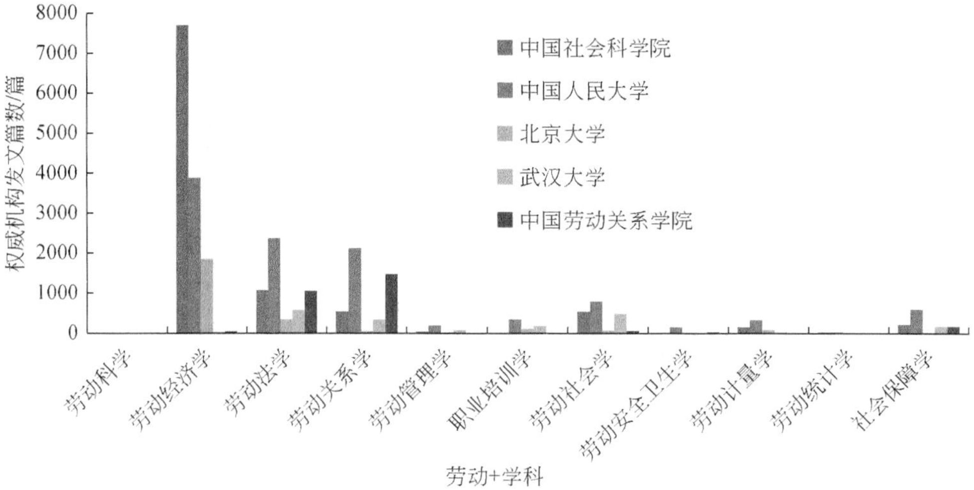

图 2-37　权威学术机构发文量与劳动+学科的对比

从图 2-37 可知，权威学术机构较为关注且发文量较多的前 5 个学科为劳动经济学、劳动法学、劳动关系学、劳动社会学和社会保障学。因此，权威学术机构对比视角下的显性学科为劳动经济学、劳动法学、劳动关系学、劳动社会学和社会保障学。

2.15.2　基于核心文献的劳动+学科显性分析

根据 11 个“劳动+学科”关键词，选取 5 种核心文献（核心期刊、SCI、EI、CSSCI、CSCD）收录或检索方式在 CNKI 进行高级检索。1992 年 10 月，党的十四大提出建立社会主义市场经济体制的重大战略任务（余小波等，2019），这对教育事业提出了新要求，借以区分劳动+学科发展的依据。本研究截取 1992 ~ 2018 年的检索文献，共得到劳动科学 226 篇，劳动经济学 22 086 篇，劳动法学 13 277 篇，劳动关系学 63 241 篇，劳动管理学 8084 篇，职业培训学 2643 篇，劳动社会学 2380 篇，劳动安全卫生学 11 514 篇，劳动计量学 5655 篇，劳动统计学 11 篇，社会保障学 6050 篇。将各学科每年的文献数量输入 Excel 表格，生成折线图见图 2-38。

从图 2-38 可知，劳动关系学、劳动经济学、劳动法学、劳动安全卫生学、

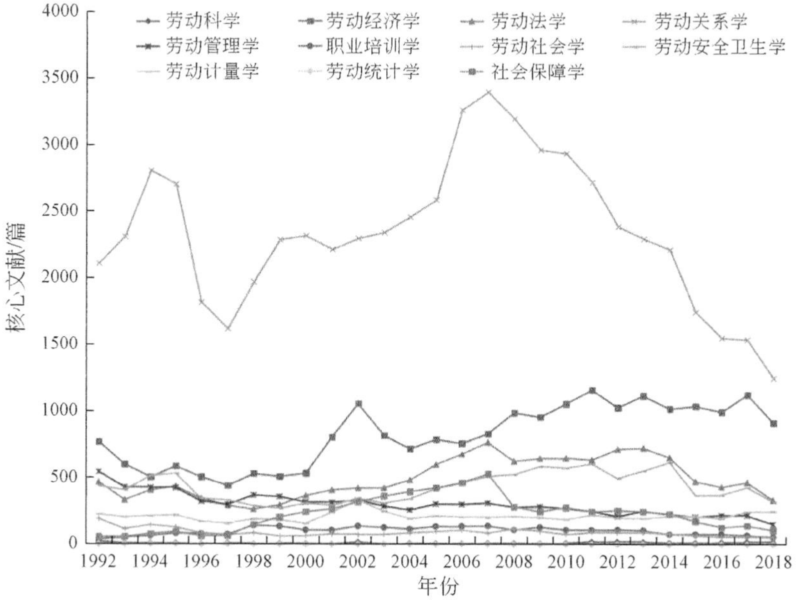

图 2-38 劳动+学科核心文献趋势图

劳动管理学 5 个学科各年份发文量较高，即社会关注度较高。由此可知，该 5 个二级学科呈现显学特征。因此，权威学术论文对比视角下的显性学科为劳动关系学、劳动经济学、劳动法学、劳动安全卫生学、劳动管理学。

2.15.3 基于基金引用的劳动+学科显学分析

根据 2.15.2 节 11 个“劳动+学科”关键词，选取国家基金（国家自然科学基金、国家社会科学基金、国家高技术研究发展计划、国家重点基础研究发展计划、国家科技支撑计划、国家科技攻关计划、国家重点实验室建设项目计划）在 CNKI 进行高级检索。同样截取 1992 ~ 2018 年的检索文献进行统计。其中共得到劳动科学 42 篇，劳动经济学 4640 篇，劳动法学 1762 篇，劳动关系学 7512 篇，劳动管理学 12 320 篇，职业培训学 341 篇，劳动社会学 228 篇，劳动安全卫生学 1210 篇，劳动计量学 736 篇，劳动统计学 3 篇，社会保障学 578 篇。将各学科每年文献数量输入 Excel 表格，生成折线图见图 2-39。

从图 2-39 可知，劳动管理学、劳动关系学、劳动经济学、劳动法学、劳动安全卫生学 5 个学科各年份基金资助引用数较高，即国家关注度较高。因此，权威学术论文对比视角下的显性学科为劳动管理学、劳动关系学、劳动经济学、劳动法学、劳动安全卫生学。

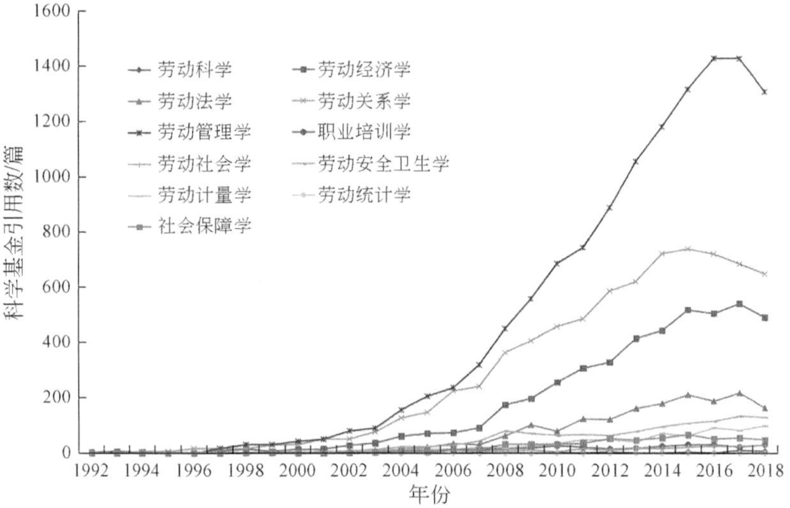

图 2-39　劳动+学科基金资助引用数趋势图

总之，依据共性交叉的判别原则，11 个劳动+学科中劳动经济学、劳动法学和劳动关系学呈现显学特征。

2.16　小　　结

1）依据《中图法》（第四版）将劳动科学划分为劳动科学基础理论、劳动经济学、劳动法学、劳动关系学、劳动管理学、职业培训学、劳动社会学、劳动安全卫生学、劳动计量学、劳动统计学、劳动与社会保障学 11 个劳动+二级学科，运用 CiteSpace 软件，系统提炼了 11 个劳动+二级学科的知识图谱，提出了“劳动+学科”的大数据可视化分析方法。

2）建立了“劳动+学科”显性特征的权威机构、核心文献、基金引用三维度分析准则，结合交叉共性的判别原则，研究认为劳动经济学、劳动法学和劳动关系学呈现显学特征，可以作为劳动科学一级学科的支撑二级学科，其他劳动+学科可以作为重要的构成二级学科。

3）研究结果可作为评估劳动+学科发展现状以及申请劳动科学一级学科的理论基础，为支撑劳动教育国家战略实施的提供基础理论与方法论上的应用指导。

此外，依据《中图法》（第四版）学科界定，社会工作、人力资源管理等学科和专业不在本研究范围内。单就劳动安全卫生学而言，已被安全科学与工程取代，2011 年被列入一级学科（代码为 0837），其显性学科已经得到广泛认同，在

第 3 章进行详细分析。

参 考 文 献

安增科，内曼贾・柏柏尔．2015. 劳动关系的未来：学科的终结？［J］．贵州社会科学，(10)：125-130.
陈虹，杨俊青．2017. 供给侧结构性改革对劳动领域的影响——中国劳动学会劳动科学教育分会 2017 年年会综述［J］．中国人口科学，(5)：120-125.
陈建萍．2007. 重视劳动科学学科建设——访首都经贸大学劳动经济学院院长杨河清［J］．管理科学文摘，(3)：22-25.
崔庆凯，邹宝丰．1988. 浅谈劳动科学体系及劳动经济专业的课程设置［J］．辽宁高等教育研究，(2)：144-148.
顾学箕．1983. 劳动卫生与职业病学的科学研究［J］．中华劳动卫生职业病杂志，(1)：6-10.
关怀．1999. 十一届三中全会以来我国劳动法学的发展［J］．法学家，(Z1)：222-228.
何建章．1997.《中国社会主义劳动经济学研究》和《中国社会主义劳动管理学研究》评介［J］．经济学动态，(8)：79.
胡燕．2000. 新形势下搞好劳动统计之思考［J］．浙江统计，(8)：36.
蒋晓光，张诚．1997. 21 世纪劳动经济学科建设构想［J］．华东交通大学学报，(4)：94-98.
雷玉霞．1993. 建立劳动科学学科体系的构思［J］．华东经济管理，(6)：83-85.
李建德，黄玉捷．1992. 论劳动科学中的学科交叉和渗透［J］．江西社会科学，(3)：28-32.
李建建．2012. 从传统劳动理论到现代科学劳动理论——陈征教授的科学劳动思想评述［J］．当代经济研究，(7)：79-82，93.
李琦．2019. 劳动科学实践教学体系研究［J］．北京劳动保障职业学院学报，13 (1)：57-60.
梁纯山：劳动计量学（一）［EB/OL］．http://blog. sina. com. cn/s/blog_7a26df740100z0ss. html
刘德浩．2011. 论劳动与社会保障专业的学科属性与课程设置［J］．新西部（下旬・理论版），(8)：184-185.
刘潜．1982. 关于建立劳动保护的学科专业体系的意见［J］．劳动保护，(10)：4-5.
刘向兵，赵健杰．2018. 多学科跨学科视角下劳动模范研究与劳模教育创新［J］．中国劳动关系学院学报，32 (4)：1-8.
刘向兵．2019. 新时代高校劳动教育论纲［M］．北京：社会科学文献出版社．
孟颖颖．2013. 社会保障学：挑战、定位与发展——基于学科建设的视角［J］．武汉大学学报（哲学社会科学版），66 (1)：52-56，128.
潘锦棠．1992. 劳动社会学的由来与发展［J］．社会科学，(1)：66-69.
沈志义．1995. 关于"劳动科学"体系的探讨［J］．财经研究，(2)：57-58.
沈志义．1998. 谈谈"劳动科学"及其学科体系［J］．管理教育学刊，(1)：39-42.
田小宝，王俊舫．1999. 理论认识的飞跃——我国劳动保障科学理论发展 50 年［J］．劳动保障通讯，(9)：12-13.
瓦维洛夫，周邦立．1950. 斯大林时代的劳动和科学的联盟（注一）［J］．科学通报，(1)：34，37.

王斌，朱启星．2003.《劳动卫生与职业病学》学科发展前瞻［J］．安徽预防医学杂志，(2)：120.
王长城．1996. 高校劳动科学课程体系存在的主要问题及改革［J］．管理教育学刊，(5)：38-43.
王健．1982. 行为科学与劳动管理［J］．贵州社会科学，(1)：24-27.
王江松．2010. 论劳动哲学的学科定位和学科体系［J］．中国劳动关系学院学报，24（2）：15-19.
王平．2006. 劳动经济学的发展及学科定位［J］．科技经济市场，(8)：125.
王尚，邓波．2012. 探讨劳动关系的学科特点及发展现状［J］．科技广场，(5)：225-229.
王世德．1986. 美学的新分支学科——技术美学——兼论设计美学、劳动生产美学、商品广告美学［J］．天府新论，(3)：23-28.
王阳．2008. 劳动人事科学的体系建设与实践创新［J］．人才开发，(5)：9-11.
肖洪寿．2000. 应切实加强劳动（劳技）学科建设［J］．江西教育科研，(7)：32-33.
熊新发，陈玉杰．2011. 劳动科学研究的特征分析——基于学术界对《劳动合同法》争论的反思［J］．现代管理科学，(6)：45-46，52.
阎天．2018. 劳动关系概念：危机、坚守与重生［J］．中国法律评论，8（6）：127-129.
佚名．1985. 正在蓬勃发展的一门科学——劳动保护科学［J］．劳动保护，(11)：2-6.
余小波，刘潇华，黄好．2019. 改革开放四十年：我国高等教育改革发展的基本脉络［J］．江苏高教，(3)：1-8.
袁伦渠，林原．2011. 劳动经济学的形成与发展［J］．中国流通经济，25（6)：55-58.
赵健杰．2010. 劳动科学建构论纲［J］．中国劳动关系学院学报，24（2)：10-14.
赵曼，张金华．1993. 劳动科学教育体系初探［J］．中南财经大学学报，(2)：102-105.
赵炜．2017. 返回社会：劳动社会学的学科发展和转型［J］．深圳大学学报（人文社会科学版），34（6)：146-152.
郑培．2017. 新生代农民工职业培训研究综述［J］．成人教育，2017，37（7)：57-59.
朱茂林．2007. 论我国劳动法学学科的构建［D］．北京：首都师范大学．
Grint K. 1998. The Sociology of Work［M］．Cambridge：Polity Press.

第3章　劳动+安全科学与工程学科可视化分析

自2011年2月安全科学与工程升为一级学科以来，安全界学术研究热点问题不断涌现，安全科学与工程研究的动态知识图谱成为科学认识当前学科热点及发展趋势的关键方法。运用文献统计和共词分析方法，基于CiteSpace软件将文献数据转化成科学计量知识图谱，系统地分析了安全科学与工程1998～2017年的关键词、作者以及研究机构的变化趋势。研究表明，各学科涉及的学科领域比较相似，不论是作者还是研究机构，发文量都有了明显增加的趋势，众多学者多年来致力于安全科学与工程的研究，为学科发展做出了重要贡献。CiteSpace软件的引入对于学科热点趋势分析提供了技术支持。研究表明，安全科学与工程的学科领域主要聚焦于企业管理、职业病防治、职业病、劳动卫生等领域。通过1998～2017年的趋势分析，安全领域的发文量在2005年以后急剧上升，2003～2017年应急领域的发文量一直呈现快速上升趋势，而卫生领域在2010年以后呈现下降趋势。经过“黄金十年”的快速发展，自2010年以后安全科学与工程继续保持平稳发展态势。各二级学科的热点趋势研究为以后学者的研究提供了有益参考。

3.1　问题的提出与文献综述

安全科学与工程学科和其他学科一样，是伴随着生产的发展而发展起来的（吴宗之，2000）。19世纪末，英国、德国等早期工业发达国家鉴于工业生产中火灾、爆炸事故带来的巨大损失，建立了工厂安全法规，成立了相应的保险机构（曲方等，2003）。1855年，德国成立了工伤保险协会；1858年，英国成立了蒸汽锅炉保险公司，开创了有组织的安全活动，安全学科也随之开始发展。安全科学是研究人类在生产和生活过程中技术事故和危害的学科，它是研究事故或危害的产生、发生规律以及预防的现代科学技术。在我国，安全科学经历了20世纪80年代的崛起、90年代初期的徘徊后，在21世纪进入稳步发展的阶段（Cummings et al.，1995）。在西方国家有一个领域名——公共健康（public health）（Emery et al.，2005；李浩然等，2017），它与我国国家标准《学科分类与代码》（GB/T 13745-2009）中的“安全科学技术”的内涵大部分是相同的。安全科学是一个仅有 30 多年发展历史的学科门类，其中安全科学与工程属于该门类的新型学科（雷旻等，2014）。2011 年 3 月 8 日，国务院学位委员会将“安全科学与工程”正式确立为一级学科（杨书宏，2011；中国职业安全健康协会信息网，2011）。当前，我国安全科学的发展尚处于起步阶段，安全问题的研究往往依托于解决实际的安全问题。本研究运用文献统计和共词分析的方法，基于 CiteSpace 软件将文献数据转化成科学计量知识图谱，系统地分析了安全科学与工程 1998 ~ 2017 年的关键词、作者以及研究机构的变化趋势。

2005 年，Synnestvedt 等介绍了 CiteSpace 软件以及与软件相关的案例研究。2007 年，Pinto 等探讨了 CiteSpace 软件生成的社会网络地图，并且根据软件研究了领域的度量研究和文献计量的研究。2008 年，Bosire 利用 CiteSpace 软件的可视化分析研究了非洲东南部的艾滋病毒和艾滋病。2010 年，Morar 和 Agachi 利用 CiteSpace 软件提供的图表研究了化工领域相关的作者、领域和期刊之间的关系。2012 年，Darvish 利用 CiteSpace 软件和 WOS（*Web of Science*）数据库绘制出作者合作网络。2013 年，Tonta 和 Celik 利用 CiteSpace 软件以及社会网络分析（social network analysis，SNA）探讨了 Arf（一位著名的土耳其科学家）在科学界的影响。2015 年，Li 和 Hale 利用 CiteSpace 软件根据安全科学杂志提取了 51 份与安全相关的期刊，并作为代表性核心期刊进行研究，同时分析了不同安全期刊之间的知识交流情况。2016 年，Li 和 Hale 等根据期刊上发表的文章，绘制了六种核心安全期刊的主题图。Leydesdroff 等（2016）通过综合的期刊引文数据，基于期刊分类，探讨了新系统发展为主题类别的研究。2016 年，Wang 和 Waltman 通过建立标准来检验和比较期刊分类系统的准确性。2016 年，Madani 和 Weber 通过从科学网络数据库提取的 143 篇论文，进行了专利分析、文献计量分析和基于关键词的网络分析。

自 2005 年中国率先命名并且引入科学知识图谱以来，知识图谱作为科学计量学的新方法和新领域在我国获得了长足的发展（陈悦和刘则渊，2005）。科学知识图谱源于 2003 年美国国家科学院组织的研讨会。随着信息可视化的发展，涌现了越来越多的科学知识图谱的绘制工具（覃晓等，2020）。其中，CiteSpace 软件异军突起，成为目前最为流行的知识图谱绘制工具之一。杨月巧和贾怡如（2017）利用 CiteSpace 软件对国内的应急管理领域的期刊作者以及研究机构进行了分析。李杰（2016）在进行安全科学结构的研究中使用了 CiteSpace 软件，并进行了演进特征研究。陈孝慈等（2017）根据 CNKI 1980 年以来的论文数据，利用 CiteSpace 软件绘制了安全管理科学知识图谱，以研究安全管理的热点和发展趋势。王丹和宫晶晶（2018）以 2005 ~ 2016 年 CNKI 的 232 篇文献为基础，绘制知识图谱，以了解国内建筑安全领域的研究状况。李琰等（2013）根据《中国安全科学学报》1991～2012年的论文数据，采用CiteSpace软件绘制知识图谱，来了解《中国安全科学学报》的发文特点与变化规律。李杰等（2013）根据*Safety Science* 1991～2012年的论文数据，运用CiteSpace软件绘制图谱。李杰等（2018）基于CNKI的八本安全期刊数据，利用CiteSpace和Gephi等软件绘制了安全疏散研究的时间分布、作者合作、机构合作以及关键词的知识图谱，研究了我国安全领域疏散的整体情况。李杰和郭晓宏（2014）根据*Web of Science*数据库，运用CiteSpace软件绘制了安全文化的知识图谱。王丹和宫晶晶（2018）根据CNKI的289篇相关论文数据，利用CiteSpace软件绘制图谱，揭示了矿工不安全行为的影响因素。谭章禄等（2017）根据CNKI 2007～2016年的核心文献数据，利用CiteSpace软件绘制图谱，来研究近十年来中国煤矿安全领域的研究现状与研究热点。吴博和李伟（2017）根据*Web of Science*和CNKI数据库收录的安全社区文献数据，利用CiteSpace、SATI和Ucinet绘制图谱，以了解国内外安全社区的发展现状。汤志伟和钟宗炬（2017）根据CSSCI数据库中有关公共安全的文献，运用CiteSpace软件绘制知识图谱，对公共安全的研究现状、研究热点和演化趋势进行了解读。张慧和侯霞（2017）利用数据库，对标准文献和知识图谱进行了研究。颜佳华和李悦鸣（2016）借助知识图谱，识别出行政文化研究领域的高产作者、主要研究机构、研究热点以及研究主题之间的关联性，为后续行政文化研究提供了借鉴。赵岩和孙涛（2016）通过研究CSSCI收录的社区治理领域的论文，绘制了知识图谱，展示国内社区治理研究的发展、审视研究现状以及发展趋势。徐锦芬和聂睿（2015）以基于*Web of Science*数据库中21种国际权威期刊的关于二语写作的论文为数据来源，运用CiteSpace软件，绘制国际二语写作的知识图谱，研究了二语写作的核心领域。至此，依托现有文献及信息可视化方法来进行安全科学与工程学科知识的探索具有非常重要的理论和现实意义。

3.2 数据来源与研究方法

根据《安全科学与工程学科发展战略研究报告（2015—2030）》，安全科学与工程（SSE）一级学科一般分为安全科学（SC）、安全技术（ST）、安全系统工程（SE）、安全与应急管理（SEM）、职业安全健康（OSH）五个二级学科。

对数据的处理和分析，使用科学知识图谱分析工具CiteSpace软件，该软件由美国陈超美教授于2004年开发的，在世界范围内得到了广泛的应用。通过CiteSpace软件可以对来自CNKI的数据进行作者、机构的合作分析和关键词的共现分析，并能够快捷地实现网络中节点中介中心的计算和网络节点出现频次的突显性强度的分析。以各二级学科的主题词在CNKI全部期刊数据库中进行检索，将检索时间段设置为 1998 年 1 月 1 日 ~2017 年 12 月 31 日，剔除其中的教学改革、无作者的通信、会议通知和卷首语、书籍介绍等非学术论文数据，最终汇总且筛重后得到有效数据共计 70 326 篇。

3.3 安全科学与工程二级学科可视化分析结果

3.3.1 安全科学可视化分析结果

（1）安全科学的产出分布

以“安全科学”“安全工程”“人机工程”“人因工程”“灾害预防处理”“预防事故”“职业病理论分析”“科学防范”为主题词在 CNKI 全部期刊数据库中进行检索，将检索时间段设置为 1998 年 1 月 1 日 ~2017 年 12 月 31 日，剔除其中的教学改革、无作者的通信、会议通知和卷首语、书籍介绍等非学术论文数据，最终得到有效数据共计 4484 篇，分析安全科学学科的现状、热点以及趋势。

一个研究主题的科研产出，是反映科学研究发展的重要指标，是所关注领域发展程度的重要展示。如图 3-1 所示，从整个时间分布看（1998 ~2017 年），安全科学学科研究呈上升趋势，但发展进程存在一定的起伏。1998 ~2005 年，发展较为平缓，在 1999 年和 2003 年分别出现发文量的小高峰。从 2005 年开始，上升趋势逐渐加快，发文量相对上一阶段有了显著的增长，在 2007 年和 2016 年分别出现发文量的小高峰，且 2008 年以后急剧增加，2016 年发文量产出达到了

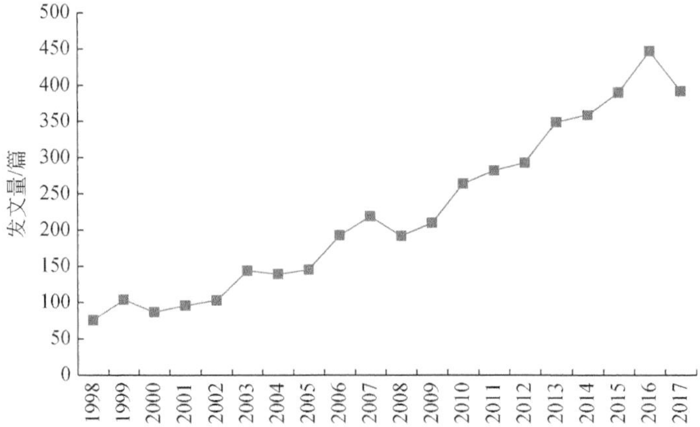

图 3-1　SC 学科发文量的分布（1998 ~2017 年）

447 篇，达到了整个时间区域的峰值。虽然在 2005 ~ 2017 年发文量在时间趋势上有所波动，但整体上发文量都保持高位。

（2）安全科学的空间合作

使用 CiteSpace 软件提供的机构合作网络分析时，将 1998 ~ 2017 年的数据按照每年进行切分，并提取每一个时间切片里面排名的前 50，且提取的机构发文量在每个时间切片内最低为 1 篇。得到的机构数量为 271，合作关系数为 79。安全科学学科的研究机构合作网络，如图 3-2 所示。在该图中节点的大小代表机构论文的产出量，网络中的连线代表了机构之间的合作关系。CiteSpace 软件计算得到的核心机构详细信息，见表 3-1。国内安全科学学科研究的高产机构分布在中南大学资源与安全工程学院等 10 个机构，反映了这些机构在安全科学学科研究上有重要的学术影响，这些机构组成了我国安全科学学科研究的科学中心。从网络的整体来看，以这些高产机构为核心已经形成我国安全科学学科研究的不同群落。从这些单位的性质来看，我国安全科学学科的主要力量集中在高校。

图 3-2 SC 学科的研究机构合作图谱（1998 ~ 2017 年）

表 3-1 SC 发文量前 10 名研究机构（1998 ~ 2017 年）

序号	发文量/篇	研究机构
1	134	中南大学资源与安全工程学院
2	64	中国矿业大学（北京）应急管理与安全工程学院（原中国矿业大学（北京）资源与安全工程学院）

续表

序号	发文量/篇	研究机构
3	30	中国矿业大学安全工程学院
4	24	辽宁工程技术大学安全科学与工程学院
5	23	湖南科技大学能源与安全工程学院
6	21	安徽理工大学能源与安全学院
7	20	重庆科技学院安全工程学院
8	18	南华大学资源环境与安全工程学院（原南华大学环境保护与安全工程学院）
9	18	华北科技学院安全工程学院
10	17	河南理工大学安全科学与工程学院

（3）安全科学的作者合作

对安全科学研究的作者分布进行分析时，将 1998 ~ 2017 年的数据按照每年进行切分，将节点的类型设置为 Authors，提取每个时间切片排名前 50 的作者，以生成作者的合作网络。得到的合作网络共包含了 540 个作者，这些作者之间的合作关系数量为 514 个，得到的合作网络如图 3-3 所示，合作网络所包含的信息见表 3-2。吴超在 1998 ~ 2017 年国内安全科学学科研究的产出中排名第一，其次是傅贵、罗云、邵辉、蒋复量等，这些高产作者共同组成了安全科学学科研究的核心研究力量。规模排名前 10 的合作网络的代表作者分别为吴超、傅贵、邵辉、廖可兵、牛金成、易灿南、刘辉、王秉、葛秀坤和胡鸿。在合作网络中，以吴超为核心的团队规模最大，具有最高的影响。

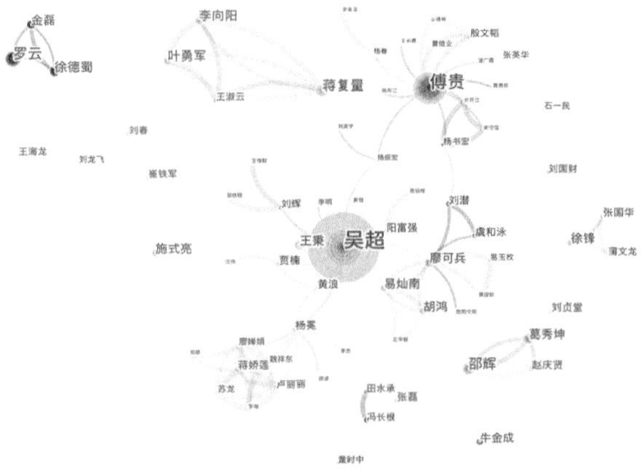

图 3-3　SC 学科的研究作者合作图谱（1998 ~ 2017 年）

表 3-2　SC 发文量前 10 名作者（1998～2017 年）

序号	发文量/篇	作者
1	92	吴超
2	40	傅贵
3	25	邵辉
4	19	廖可兵
5	19	牛金成
6	16	易灿南
7	16	刘辉
8	16	王秉
9	15	葛秀坤
10	15	胡鸿

（4）安全科学的热点主题

关键词能有效反映一个研究领域和论文内容的精髓，高频关键词更能反映研究领域内的热点和核心问题（陈孝慈等，2017）。利用 CiteSpace 软件关键词共现功能识别并记录安全科学学科文献的热点关键词与高频关键词（图 3-4），以关键词中介中心性为依据排序可以发现（表 3-3），人机工程、安全工程、预防事

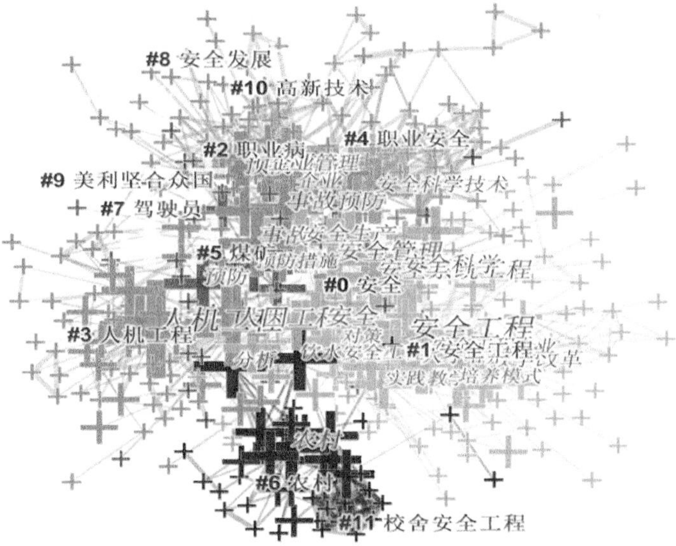

图 3-4　SC 学科的关键词共现网络分析（1998～2017 年）

故、人因工程、安全、安全管理、事故、安全系统工程、农村、安全科学和事故预防成为安全科学学科重要关键词，安全科学学科热点领域研究集中于人机工程、安全工程、预防事故、人因工程和安全领域。

表 3-3　SC 学科热点关键词（1998～2017 年）

序号	频次	中介中心性	关键词
1	526	0.28	人机工程
2	464	0.25	安全工程
3	194	0.23	预防事故
4	193	0.18	人因工程
5	178	0.16	安全
6	168	0.14	安全管理
7	146	0.13	事故
8	135	0.13	安全系统工程
9	130	0.10	农村
10	124	0.09	安全科学和事故预防

3.3.2　安全技术可视化分析结果

（1）安全技术的产出分布

以“安全检测探测技术”“安全预测预警技术”“安全技术”“事故灾难防控技术”“安全急救技术”“行业安全技术”为主题词在 CNKI 数据库中进行检索，将检索时间段设置为 1998 年 1 月 1 日～2017 年 12 月 31 日，剔除其中的教学改革、无作者的通信、会议通知和卷首语、书籍介绍等非学术论文数据，最终得到有效数据共计 9574 篇，分析安全技术学科的现状、热点以及趋势。

如图 3-5 所示，从整个时间分布看（1998～2017 年），安全技术学科研究呈上升趋势，但发展进程存在一定的起伏。1998～2005 年，发展较为平缓，在 2000 年分别出现发文量的小高峰。从 2005 年开始，上升趋势逐渐加快，发文量相对上一阶段有了显著的增长，在 2011 年和 2014 年分别出现发文量的小高峰，2017 年发文量产出达到了 792 篇，达到了整个时间区域的峰值。虽然在 2005～2017 年发文量在时间趋势上有所波动，但整体上发文量都保持高位。

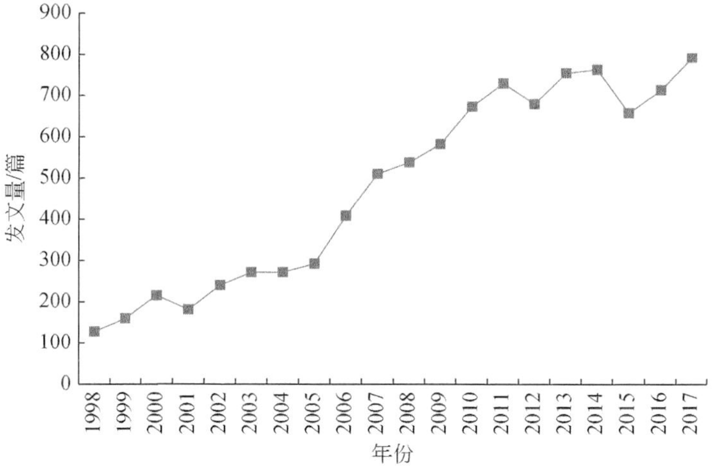

图 3-5 ST 学科发文量的分布（1998～2017 年）

（2）安全技术的空间合作

使用 CiteSpace 软件提供的机构合作网络分析时，将 1998～2017 年的数据按照每年进行切分，并提取每一个时间切片里面排名的前 50，且提取的机构发文量在每个时间切片内最低为 1 篇。得到的机构数量为 401，合作关系数为 16。安全技术学科的研究机构合作网络，如图 3-6 所示。在该图中节点的大小代表机构论文的产出量，网络中的连线代表了机构之间的合作关系。CiteSpace 软件计算得到的核心机构详细信息，见表 3-4。国内安全技术学科研究的高产机构分布在中国安全生产科学研究院、中国特种设备检测研究院等 10 个机构，反映了这些机构在安全技术学

图 3-6 ST 学科的研究机构合作图谱（1998～2017 年）

科研究上有重要的学术影响，这些机构组成了我国安全技术学科研究的科学中心。从网络的整体来看，以这些高产机构为核心已经形成我国安全科学学科研究的不同群落。从这些单位的性质来看，我国安全技术学科的主要力量集中在专业机构。

表 3-4　ST 发文量前 10 名研究机构（1998 ~ 2017 年）

序号	发文量/篇	研究机构
1	16	中国安全生产科学研究院
2	13	中国特种设备检测研究院
3	11	中国矿业大学
4	10	中南大学资源与安全工程学院
5	9	安徽理工大学能源与安全学院
6	8	长江三峡技术经济发展有限公司
7	7	上海市特种设备监督检验技术研究院
8	7	华北科技学院
9	7	中国矿业大学（北京）应急管理与安全工程学院（中国矿业大学（北京）资源与安全工程学院）
10	7	国家市场监督管理总局特种设备安全监察局（原国家质检总局特种设备安全监察局）

（3）安全技术的作者合作

对安全技术研究的作者分布进行分析时，将 1998 ~ 2017 年的数据按照每年进行切分，将节点的类型设置为 Authors，提取每个时间切片排名前 50 的作者，以生成作者的合作网络。得到的合作网络共包含了 511 个作者，这些作者之间的合作关系数量为 250 个，得到的合作网络如图 3-7 所示，合作网络所包含的信息

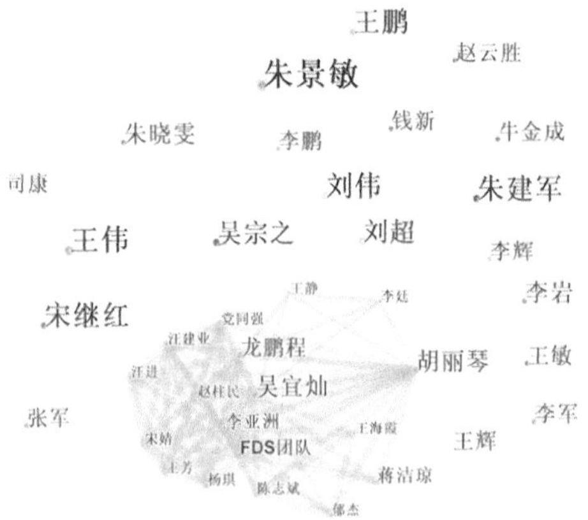

图 3-7　ST 学科的研究作者合作图谱（1998 ~ 2017 年）

见表 3-5。朱景敏在 1998 ~ 2017 年国内安全技术学科研究的产出中排名第一，其次是许峰、王伟、罗云、宋继红等，这些高产作者共同组成了安全技术学科研究的核心研究力量。规模排名前 10 的合作网络的代表作者分别为朱景敏、王伟、宋继红、刘伟、吴宗之、王鹏、朱建军、刘超、胡丽琴和朱晓雯。

表 3-5　ST 发文量前 10 名作者（1998 ~ 2017 年）

序号	发文量/篇	作者
1	10	朱景敏
2	9	王伟
3	8	宋继红
4	8	刘伟
5	7	吴宗之
6	7	王鹏
7	7	朱建军
8	7	刘超
9	6	胡丽琴
10	6	朱晓雯

(4) 安全技术的热点主题

利用 CiteSpace 软件关键词共现功能识别并记录安全技术学科文献的热点关键词与高频关键词（图 3-8），以关键词中介中心性为依据排序可以发现（表 3-6），安全隐患、安全技术交底、企业管理、施工现场、建筑、建筑施工、安全生产工作、事故、临时用电、安全技术培训成为安全技术学科重要关键词，安全技术学科研究集中于安全隐患、安全技术交底、企业管理、施工现场、建筑领域。

表 3-6　ST 学科热点关键词（1998 ~ 2017 年）

序号	频次	中介中心性	关键词
1	87	0. 16	安全隐患
2	172	0. 14	安全技术交底
3	272	0. 11	企业管理
4	255	0. 11	施工现场
5	98	0. 11	建筑
6	269	0. 09	建筑施工
7	102	0. 09	安全生产工作

续表

序号	频次	中介中心性	关键词
8	161	0.08	事故
9	108	0.08	临时用电
10	157	0.07	安全技术培训

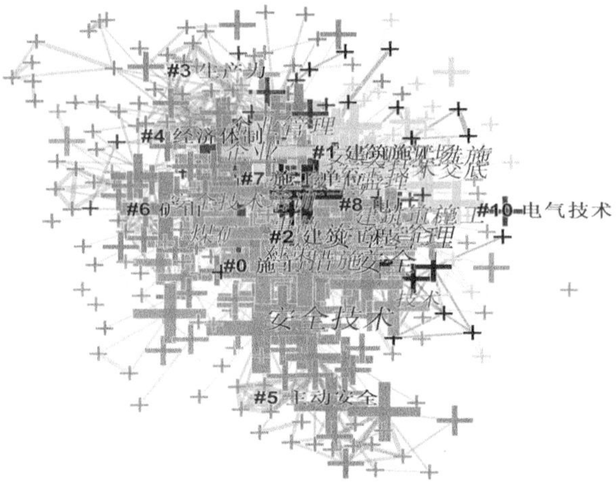

图 3-8　ST 学科的关键词共现网络分析（1998 ~ 2017 年）

3.3.3　安全系统工程可视化分析结果

（1）安全系统工程的产出分布

以“安全系统工程”“安全评价”“系统风险控制”“安全模拟”“安全预测”“安全决策”“安全仿真”“系统可靠性”为主题词在 CNKI 数据库中进行检索，将检索时间段设置为 1998 年 1 月 1 日 ~ 2017 年 12 月 31 日，剔除其中的教学改革、无作者的通信、会议通知和卷首语、书籍介绍等非学术论文数据，最终得到有效数据共计 14 337 篇，分析安全系统工程学科的现状、热点以及趋势。

如图 3-9 所示，从整个时间分布看（1998 ~ 2017 年），安全系统工程学科研究呈上升趋势，但发展进程存在一定的起伏。1998 ~ 2004 年，发展较为平缓。从 2004 年开始，上升趋势逐渐加快，发文量相对上一阶段有了显著的增长。2009 ~ 2013 年，发展继续保持平缓。2014 年发文量产出达到了 1545 篇，达到了整个时间区域的峰值。虽然在 2013 ~ 2017 年发文量在时间趋势上有所波动，但整体上发文量都保持高位。

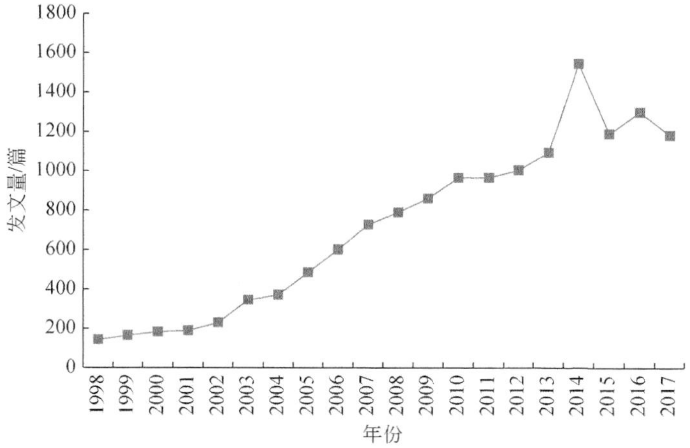

图 3-9　SE 学科发文量的分布（1998 ~ 2017 年）

（2）安全系统工程的空间合作

使用 CiteSpace 软件提供的机构合作网络分析时，将 1998 ~ 2017 年的数据按照每年进行切分，并提取每一个时间切片里面排名的前 50，且提取的机构发文量在每个时间切片内最低为 1 篇。得到的机构数量为 802，合作关系数为 279。安全系统工程学科的研究机构合作网络，如图 3-10 所示。在该图中节点的大小代表机构论文的产出量，网络中的连线代表了机构之间的合作关系。CiteSpace 软件计算得到的核心机构详细信息，见表 3-7。国内安全系统工程学科研究的高产

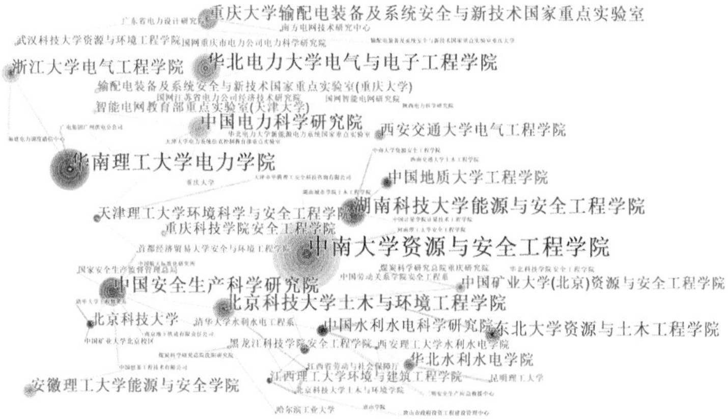

图 3-10　SE 学科的研究机构合作图谱（1998 ~ 2017 年）

机构分布在中南大学资源与安全工程学院、华南理工大学电力学院等 10 个机构，反映了这些机构在安全系统工程学科研究上有重要的学术影响，这些机构组成了我国安全系统工程学科研究的科学中心。从网络的整体来看，以这些高产机构为核心已经形成我国安全系统工程学科研究的不同群落。从这些单位的性质来看，我国安全系统工程学科的主要力量集中在高校。

表 3-7　SE 发文量前 10 名研究机构（1998～2017 年）

序号	发文量/篇	研究机构
1	104	中南大学资源与安全工程学院
2	64	华南理工大学电力学院
3	51	湖南科技大学能源与安全工程学院
4	50	华北电力大学电气与电子工程学院
5	46	重庆大学输配电装备及系统安全与新技术国家重点实验室
6	46	中国安全生产科学研究院
7	46	北京科技大学土木与环境工程学院
8	43	中国电力科学研究院
9	42	浙江大学电气工程学院
10	40	东北大学资源与土木工程学院

(3) 安全系统工程的作者合作

对安全系统工程研究的作者分布进行分析时，将 1998～2017 年的数据按照每年进行切分，将节点的类型设置为 Authors，提取每个时间切片排名前 50 的作者，以生成作者的合作网络。得到的合作网络共包含了 1831 个作者，这些作者之间的合作关系数量为 1535 个，得到的合作网络如图 3-11 所示，合作网络所包含的信息见表 3-8。谢开贵在 1998～2017 年国内安全系统工程学科研究的产出中

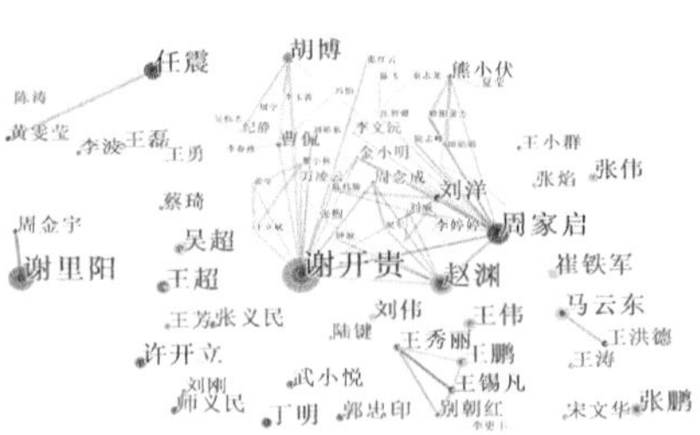

图 3-11　SE 学科的研究作者合作图谱（1998～2017 年）

排名第一，其次是谢里阳、周家启、赵渊、任震等，这些高产作者共同组成了安全系统工程学科研究的核心研究力量。规模排名前 10 的合作网络的代表作者分别为谢开贵、谢里阳、周家启、赵渊、任震、张鹏、马云东、王超、吴超以及许开立。

表 3-8　SE 发文量前 10 名作者（1998 ~ 2017 年）

序号	发文量/篇	作者
1	58	谢开贵
2	41	谢里阳
3	35	周家启
4	35	赵渊
5	29	任震
6	26	张鹏
7	26	马云东
8	26	王超
9	24	吴超
10	23	许开立

（4）安全系统工程的热点主题

利用 CiteSpace 软件关键词共现功能识别并记录安全系统工程学科文献的热点关键词与高频关键词（图 3-12），以关键词中介中心性为依据排序可以发现（表 3-9），可靠性、系统可靠性、安全评价、评价、可靠性分析、分析、综合评

图 3-12　SE 学科的关键词共现网络分析（1998 ~ 2017 年）

价、煤矿、故障树、交通安全成为安全系统工程学科重要关键词，安全系统工程学科研究集中于可靠性、系统可靠性、安全评价、评价、可靠性分析领域。

表 3-9　SE 学科热点关键词（1998 ~ 2017 年）

序号	频次	中介中心性	关键词
1	2193	0. 35	可靠性
2	279	0. 27	系统可靠性
3	3006	0. 22	安全评价
4	426	0. 15	评价
5	254	0. 12	可靠性分析
6	100	0. 09	分析
7	207	0. 08	综合评价
8	190	0. 08	煤矿
9	142	0. 08	故障树
10	223	0. 07	交通安全

3. 3. 4　安全与应急管理可视化分析结果

（1）安全与应急管理的产出分布

以“安全决策”“安全风险评估”“安全预警”“应急救援”“恢复重建”“安全心理”“安全行为”为主题词在 CNKI 数据库中进行检索，将检索时间段设置为 1998 年 1 月 1 日 ~ 2017 年 12 月 31 日，剔除其中的教学改革、无作者的通信、会议通知和卷首语、书籍介绍等非学术论文数据，最终得到有效数据共计 17 838 篇，分析安全与应急管理学科的现状、热点以及趋势。

如图 3-13 所示，从整个时间分布看（1998 ~ 2017 年），安全与应急管理学科研究呈上升趋势，但发展进程存在一定的起伏。1998 ~ 2003 年，发展较为平缓。从 2003 年开始，上升趋势逐渐加快，发文量相对上一阶段有了显著的增长。2010 ~ 2012 年，发展基本持平。2017 年发文量产出达到了 2013 篇，达到了整个时间区域的峰值。整体上发文量都保持高位。

（2）安全与应急管理的空间合作

使用 CiteSpace 提供的机构合作网络分析时，将 1998 ~ 2017 年的数据按照每年进行切分，并提取每一个时间切片里面排名的前 50，且提取的机构发文量

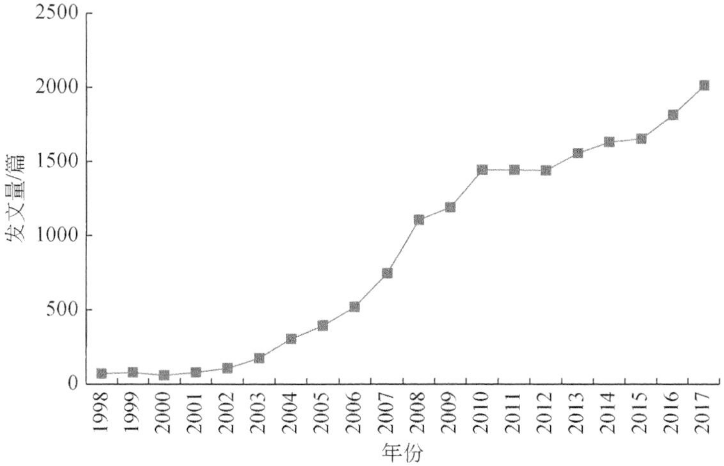

图 3-13　SEM 学科发文量的分布（1998～2017 年）

在每个时间切片内最低为 1 篇。得到的机构数量为 752，合作关系数为 212。安全与应急管理学科的研究机构合作网络，如图 3-14 所示。在该图中节点的大小代表机构论文的产出量，网络中的连线代表了机构之间的合作关系。CiteSpace 软件计算得到的核心机构详细信息，见表 3-10。国内安全与应急管理学科研究的高产机构分布在中国安全生产科学研究院、中国矿业大学（北京）应急管理与安全工程学院（原中国矿业大学（北京）资源与安全工程学院）等 10 个机构，反映了这些机构在安全与应急管理学科研究上有重要的学术影响，这些机构组成了我国安全与应急管理学科研究的科学中心。从网络的整体来看，以这些高产机构为核心已经形成我国安全与应急管理学科研究的不同群落。从这些单位的性质来看，我国安全与应急管理学科的主要力量集中在高校。

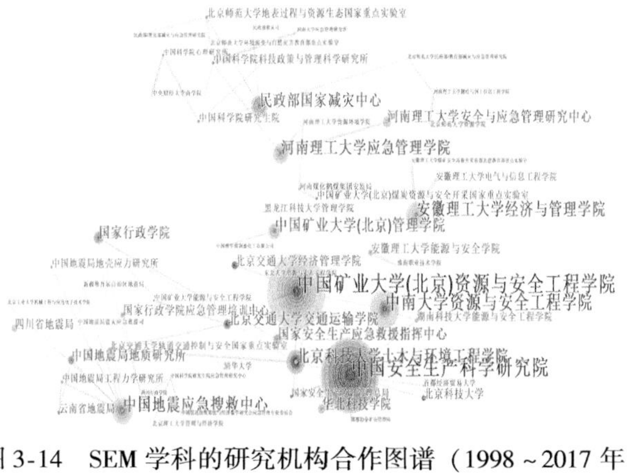

图 3-14　SEM 学科的研究机构合作图谱（1998～2017 年）

表 3-10　SEM 发文量前 10 名研究机构（1998～2017 年）

序号	发文量/篇	研究机构
1	110	中国安全生产科学研究院
2	110	中国矿业大学（北京）应急管理与安全工程学院（原中国矿业大学（北京）资源与安全工程学院）
3	85	中南大学资源与安全工程学院
4	61	北京科技大学土木与环境工程学院
5	59	安徽理工大学经济与管理学院
6	50	中国地震应急搜救中心
7	43	民政部国家减灾中心
8	41	河南理工大学应急管理学院
9	38	国家行政学院
10	38	中国矿业大学（北京）管理学院

（3）安全与应急管理的作者合作

对安全与应急管理研究的作者分布进行分析时，将 1998～2017 年的数据按照每年进行切分，将节点的类型设置为 Authors，提取每个时间切片排名前 50 的作者，以生成作者的合作网络。得到的合作网络共包含了 1273 个作者，这些作者之间的合作关系数量为 767 个，得到的合作网络如图 3-15 所示，合作网络所包含的信息见表 3-11。傅贵在 1998～2017 年国内安全与应急管理学科研究的产出中排名第一，其次是金磊、田水承、栗继祖、卢文刚等，这些高产作者共同组成了安全与应急管理学科研究的核心研究力量。规模排名前 10 的合作网络的代表作者分别为傅贵、田水承、魏利军、吴宗之、钱洪伟、张伯明、吴文传、佟瑞鹏、李磊和王莉。

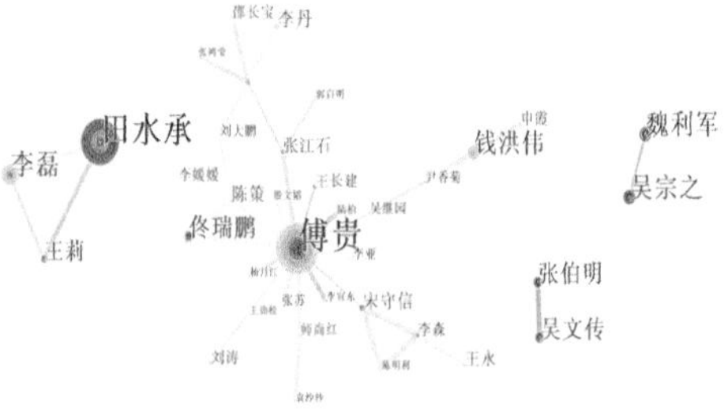

图 3-15　SEM 学科的研究作者合作图谱（1998～2017 年）

表 3-11　SEM 发文量前 10 名作者（1998～2017 年）

序号	发文量/篇	作者
1	48	傅贵
2	47	田水承
3	42	魏利军
4	39	吴宗之
5	32	钱洪伟
6	32	张伯明
7	21	吴文传
8	20	佟瑞鹏
9	20	李磊
10	20	王莉

（4）安全与应急管理的热点主题

利用 CiteSpace 软件关键词共现功能识别并记录安全与应急管理学科文献的热点关键词与高频关键词（图 3-16），以关键词中介中心性为依据排序可以发现（表 3-12），应急救援、企业管理、灾区、不安全行为、事故、安全生产工作、恢复重建、应急救援队伍、安全文化建设、安全管理、管理、危险化学品成为安全与应急管理学科的重要关键词，安全与应急管理学科研究集中于应急救援、企业管理、灾区、不安全行为、事故、安全生产工作领域。

图 3-16　SEM 学科关键词共现网络分析（1998～2017 年）

表 3-12　SEM 学科热点关键词（1998 ~ 2017 年）

序号	频次	中介中心性	关键词
1	1646	0. 20	应急救援
2	628	0. 18	企业管理
3	162	0. 16	灾区
4	1027	0. 15	不安全行为
5	445	0. 15	事故
6	268	0. 15	安全生产工作
7	378	0. 14	恢复重建
8	232	0. 14	应急救援队伍
9	297	0. 13	安全文化建设
10	880	0. 10	安全管理

3. 3. 5　职业安全健康可视化分析结果

（1）职业安全健康的产出分布

以“卫生工程”“个体防护”“毒理学”“职业安全健康”“职业工效学”“女职工劳动保护”“职业病”“职业伤害”为主题词在 CNKI 数据库中进行检索，将检索时间段设置为 1998 年 1 月 1 日 ~ 2017 年 12 月 31 日，剔除其中的教学改革、无作者的通信、会议通知和卷首语、书籍介绍等非学术论文数据，最终得到有效数据共计 24 093 篇，分析职业安全健康学科的现状、热点以及趋势。

如图 3-17 所示，从整个时间分布看（1998 ~ 2017 年），职业安全健康学科研究呈上升趋势，但发展进程存在一定的起伏。1998 ~ 2001 年，呈下降趋势。在 2002 年达到小高峰，为 813 篇。2002 ~ 2005 年，发展较为平缓。从 2005 年开始，上升趋势逐渐加快，发文量相对上一阶段有了显著的增长。2011 ~ 2017 年，开始出现下降趋势。2011 年发文量产出达到了 1753 篇，达到了整个时间区域的峰值。整体上发文量都保持高位。

（2）职业安全健康的空间合作

使用 CiteSpace 软件提供的机构合作网络分析时，将 1998 ~ 2017 年的数据按照每年进行切分，并提取每一个时间切片里面排名的前 50，且提取的机构发文量在每个时间切片内最低为 1 篇。得到的机构数量为 767，合作关系数为 280。

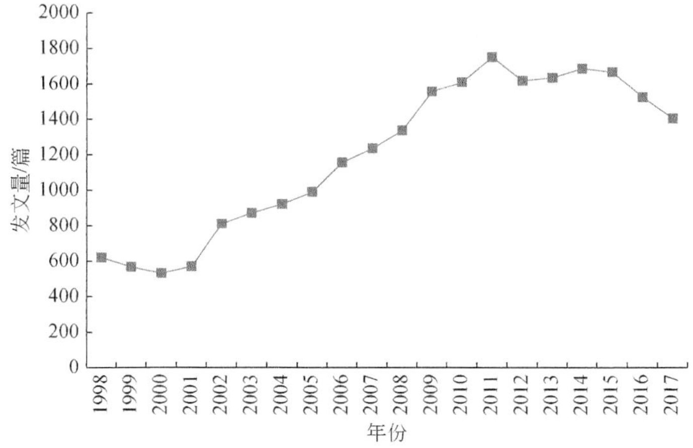

图 3-17　OSH 学科发文量的分布（1998 ~ 2017 年）

职业安全健康学科的研究机构合作网络，如图 3-18 所示。在该图中节点的大小代表机构论文的产出量，网络中的连线代表了机构之间的合作关系。CiteSpace 软件计算得到的核心机构详细信息，见表 3-13。国内职业安全健康学科研究的高产机构分布在广东省职业病防治院、中国疾病预防控制中心职业卫生与中毒所等 10 个机构，反映了这些机构在职业安全健康学科研究上有重要的学术影响，这些机构组成了我国职业安全健康学科研究的科学中心。从网络的整体来看，以这些高产机构为核心已经形成我国职业安全健康工程学科研究的不同群落。从这些单位的性质来看，我国职业安全健康学科的主要力量集中在专业机构。

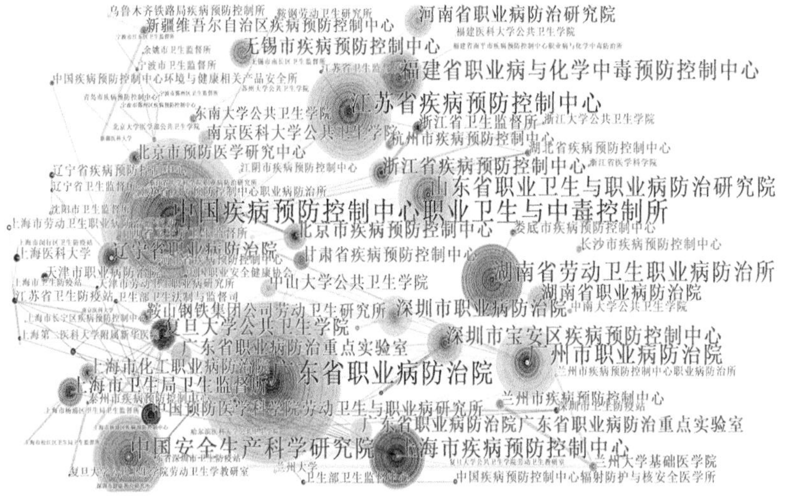

图 3-18　OSH 学科研究机构合作图谱（1998 ~ 2017 年）

表 3-13　OSH 发文量前 10 名研究机构（1998～2017 年）

序号	发文量/篇	研究机构
1	210	广东省职业病防治院
2	210	中国疾病预防控制中心职业卫生与中毒所
3	135	江苏省疾病预防控制中心
4	110	中国安全生产科学研究院
5	100	广州市职业病防治院
6	96	山东省职业卫生与职业病防治研究院
7	96	湖南省劳动卫生职业病防治所
8	90	四川省疾病预防控制中心
9	90	山东省职业卫生与职业病防治研究院
10	89	福建省职业病与化学中毒预防控制中心

（3）职业安全健康的作者合作

对职业安全健康研究的作者分布进行分析时，将 1998～2017 年的数据按照每年进行切分，将节点的类型设置为 Authors，提取每个时间切片排名前 50 的作者，以生成作者的合作网络。得到的合作网络共包含了 1197 个作者，这些作者之间的合作关系数量为 1154 个，得到的合作网络如图 3-19 所示，合作网络所包含的信息见表 3-14。刘移民在 1998～2017 年国内职业安全健康学科研究的产出中排名第一，其次是宁丙文、李涛、张敏、朱志良等，这些高产作者共同组成了职业安全健康学科研究的核心研究力量。规模排名前 10 的合作网络的代表作者分别为刘移民、李涛、张敏、朱志良、苏世标、张金龙、朱宝立、周安寿、夏昭林和俞文兰。

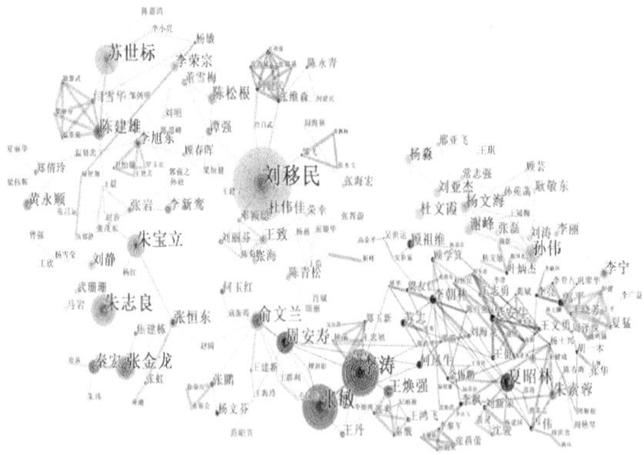

图 3-19　OSH 学科的研究作者合作图谱（1998～2017 年）

表 3-14　OSH 发文量前 10 名作者（1998 ~ 2017 年）

序号	发文量/篇	作者
1	103	刘移民
2	97	李涛
3	67	张敏
4	63	朱志良
5	45	苏世标
6	43	张金龙
7	42	朱宝立
8	36	周安寿
9	35	夏昭林
10	34	俞文兰

（4）职业安全健康的热点主题

利用 CiteSpace 软件关键词共现功能识别并记录职业安全健康学科文献的热点关键词与高频关键词（图 3-20）。以关键词中介中心性为依据排序可以发现（表 3-15），职业病、职业危害、企业管理、尘肺病、劳动卫生、职业性疾病、尘肺、生产力、粉尘、职业病防治、用工单位成为职业安全健康学科的重要关键词，职业安全健康学科研究集中于职业病、职业危害、企业管理、尘肺病、劳动卫生领域。

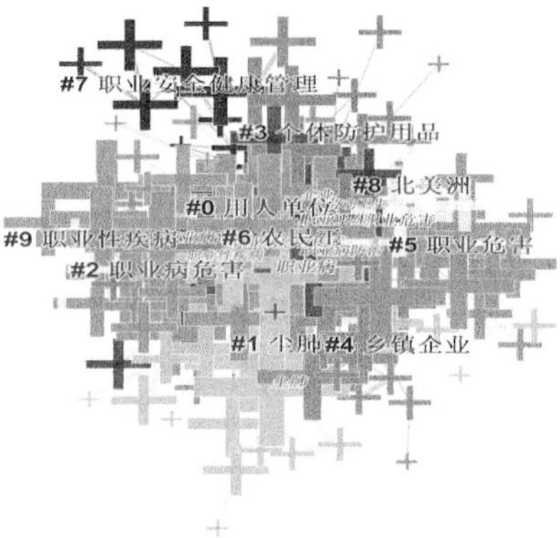

图 3-20　OSH 学科关键词共现网络分析（1998 ~ 2017 年）

表 3-15　OSH 学科热点关键词（1998～2017 年）

序号	频次	中介中心性	关键词
1	4953	0. 33	职业病
2	3517	0. 30	职业危害
3	861	0. 21	企业管理
4	384	0. 20	尘肺病
5	910	0. 17	劳动卫生
6	924	0. 15	职业性疾病
7	1942	0. 13	尘肺
8	541	0. 12	生产力
9	391	0. 12	粉尘
10	1176	0. 11	职业病防治

3. 4　安全科学与工程一级学科可视化分析结果

3. 4. 1　安全科学与工程的产出分布

基于以上收集的文献数据，根据安全、应急、卫生三个重点领域分类汇总，绘制出 1998～2017 年的发文量（表 3-16）和论文累积量数据趋势图（图 3-21）。

表 3-16　典型安全、应急、卫生领域发文量（1998～2017 年）　（单位：篇）

年份	安全领域	应急领域	卫生领域
1998	347	71	621
1999	429	79	568
2000	486	60	533
2001	467	80	570
2002	573	107	813
2003	761	175	874
2004	782	305	924
2005	924	395	992
2006	1203	521	1158
2007	1457	748	1236

续表

年份	安全领域	应急领域	卫生领域
2008	1520	1107	1338
2009	1654	1191	1557
2010	1904	1444	1610
2011	1978	1444	1753
2012	1976	1441	1620
2013	2198	1557	1637
2014	2668	1632	1689
2015	2239	1653	1669
2016	2462	1815	1525
2017	2367	2013	1406

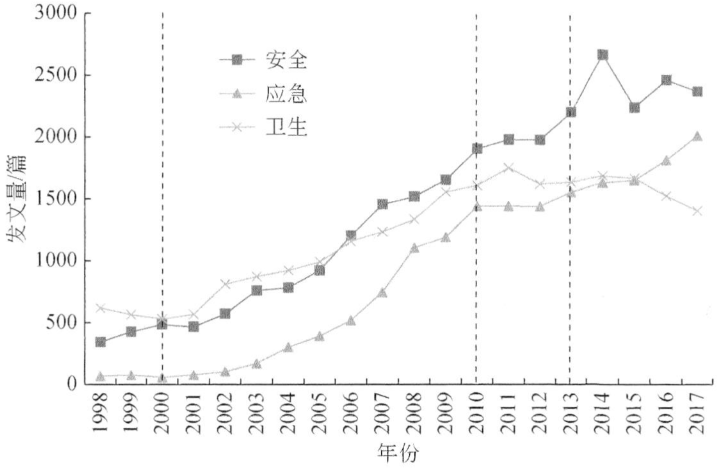

图 3-21　典型安全、应急、卫生领域发文量趋势（1998～2017 年）

如图 3-21 所示，应急、卫生、安全三个重要领域的发文量趋势不尽相同。安全领域在 2014 年达到了发文量高峰，而应急、卫生领域的发文量在 2015 年出现了转折点，应急领域于 2015 年呈现加速上升态势，但卫生领域却呈现下降趋势。结合中国国情和数据分析，应急、卫生、安全三个重要领域的发文量在中国安全科学发展“黄金十年”① （2000～2009 年） 的发文量不断上升（钟期进等，

① 学术界一般称美国安全科学发展“黄金十年”（1965～1974 年），而中南大学钟期进、吴超教授首次提出中国安全科学发展“黄金十年”（2000～2009 年）的概念。

2010）；在 2010 年之始，安全领域的发文量一直呈大幅度上升，其中 2014 年突破了 2600 篇，这与 2011 年安全科学与工程一级学科获批有关。2003 ~ 2017 年应急领域的发文量一直呈现快速上升趋势，这与 2003 年严重急性呼吸综合征（SARS）以来我国建立并完善"一案三制"应急管理制度相关（高悦，2013）。而卫生领域在 2010 年后开始呈现了下降趋势，这与 2010 年安全生产监管和卫生管理部门职责调整相关，即作业场所职业卫生监管职能由原卫生部调整到国家安全生产监督管理总局（陈利兵，2012）。研究表明，2010 年以后，我国发展继续保持平稳发展态势，标志着当前我国进入以应急管理技术与方法为核心的"全面发展"新时期，也为科学设置应急管理部，全面系统调整应急管理职能提供了理论基础。

3.4.2　安全科学与工程的空间合作

使用 CiteSpace 提供的机构合作网络分析时，将 1998 ~ 2017 年的数据按照每年进行切分，并提取每一个时间切片里面排名的前 50，且提取的机构发文量在每个时间切片内最低为 1 篇。得到的机构数量为 701，合作关系数为 220。安全科学与工程学科的研究机构合作网络，如图 3-22 所示。在该图中节点的大小代表机构论文的产出量，网络中的连线代表了机构之间的合作关系。CiteSpace 软件计算得到的核心机构详细信息，见表 3-17。国内安全科学与工程学科研究的高产机构分布在中国安全生产科学研究院等 10 个机构，反映了这些机构在安全科学

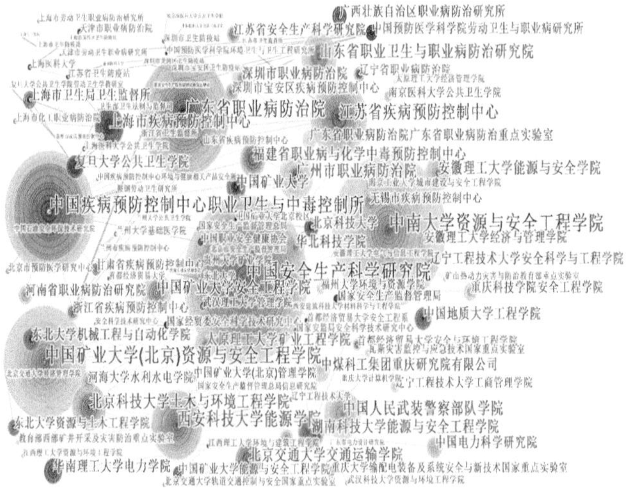

图 3-22　SSE 学科的研究机构合作图谱（1998 ~ 2017 年）

与工程学科研究上有重要的学术影响，这些机构组成了我国安全科学与工程学科研究的科学中心。从网络的整体来看，以这些高产机构为核心已经形成我国安全科学与工程学科研究的不同群落。从这些单位的性质来看，我国安全科学与工程学科的主要力量集中在专业机构，其中中国安全生产科学研究院相较于其他研究机构的贡献较为突出。

表 3-17　SSE 发文量前 10 名研究机构（1998 ~ 2017 年）

序号	发文量/篇	研究机构
1	286	中国安全生产科学研究院
2	263	中南大学资源与安全工程学院
3	210	广东省职业病防治院
4	208	中国疾病预防控制中心职业卫生与中毒所
5	193	中国矿业大学（北京）应急管理与安全工程学院（原中国矿业大学（北京）资源与安全工程学院）
6	136	江苏省疾病预防控制中心
7	124	西安科技大学能源学院
8	92	山东省职业卫生与职业病防治研究院
9	89	中国人民警察大学（原中国人民武装警察部队学院）
10	87	北京科技大学土木与环境工程学院

3.4.3　安全科学与工程的作者合作

对安全科学与工程研究的作者分布进行分析时，将 1998 ~ 2017 年的数据按照每年进行切分，将节点的类型设置为 Authors，提取每个时间切片排名前 50 的作者，以生成作者的合作网络。得到的合作网络共包含了 1211 个作者，这些作者之间的合作关系数量为 827 个，得到的合作网络如图 3-23 所示，合作网络所包含的信息见表 3-18。吴超在 1998 ~ 2017 年国内安全科学与工程学科研究的产出中排名第一，其次是宁丙文、刘移民、李涛、张伟等，这些高产作者共同组成了安全科学与工程学科研究的核心研究力量。规模排名前 10 的合作网络的代表作者分别为吴超、宁丙文、李涛、张伟、张鹏、张敏、王伟、金磊、谢开贵和张磊。

表 3-18　SSE 发文量前 10 名作者（1998 ~ 2017 年）

序号	发文量/篇	作者
1	123	吴超

续表

序号	发文量/篇	作者
2	99	宁丙文
3	93	李涛
4	90	张伟
5	89	张鹏
6	71	张敏
7	70	王伟
8	70	金磊
9	68	谢开贵
10	60	张磊

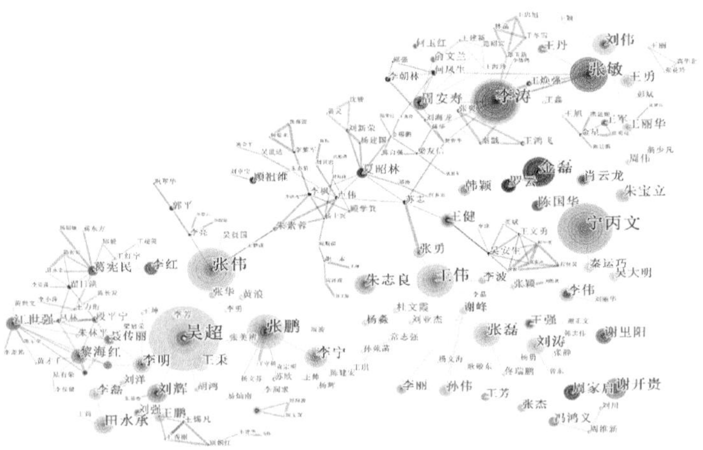

图 3-23　SSE 学科的研究作者合作图谱（1998～2017 年）

3.4.4　安全科学与工程的热点主题

利用 CiteSpace 软件关键词共现功能识别并记录安全科学与工程学科文献的热点关键词与高频关键词（图 3-24），以关键词中介中心性为依据排序可以发现（表 3-19），企业管理、职业病、职业危害、职业病防治、职业卫生、尘肺病、煤矿、不安全行为、劳动卫生、安全生产、安全生产工作成为安全科学与工程学科的重要关键词，安全科学与工程学科研究集中于企业管理、职业病、职业危害、职业病防治、职业卫生领域。

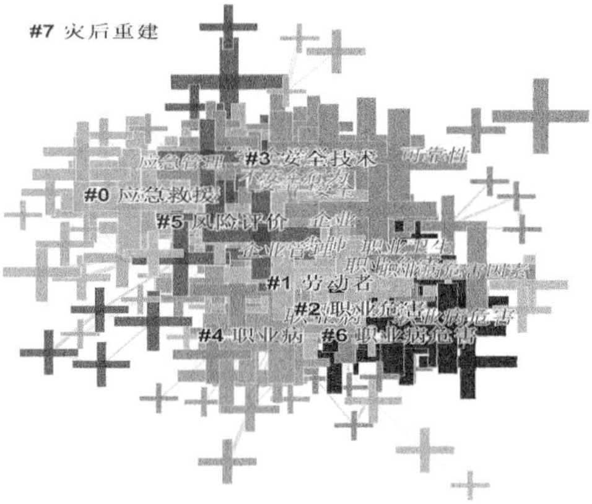

图 3-24　SSE 学科关键词共现网络分析（1998 ~ 2017 年）

表 3-19　SSE 学科热点关键词（1998 ~ 2017 年）

序号	频次	中介中心性	关键词
1	1844	0.45	企业管理
2	4953	0.30	职业病
3	3518	0.27	职业危害
4	1175	0.21	职业病防治
5	2095	0.18	职业卫生
6	206	0.16	尘肺病
7	894	0.14	煤矿
8	1032	0.13	不安全行为
9	721	0.13	劳动卫生
10	1405	0.11	安全生产

3.5　小　　结

本章围绕安全科学与工程一级学科、一级学科下的五个二级学科的知识图谱开展研究，引入 CiteSpace 软件和数据挖掘技术，重点分析了 1998 ~ 2017 年发展态势。

1）数据分析表明，1998 ~ 2017 年，我国安全科学与工程研究呈现渐进发展趋势，2014 年后安全科学与工程成为热点和显性学科，其学科的热点领域主要聚焦安全理论、安全评价、安全管理等重点领域，高产作者有吴超等人，高产研究机构为中国安全生产科学研究院、中南大学资源与安全工程学院等机构。其下5个二级学科呈现不同的发展趋势与特征：①安全科学学科的热点研究领域主要聚焦于人机工程、安全工程、预防事故等重点领域，高产作者有吴超、傅贵等，高产研究机构为中国矿业大学（北京）应急管理与安全工程学院、中南大学资源与安全工程学院等机构；②安全技术学科的热点研究领域主要聚焦于安全隐患、安全技术交底、企业管理等重点领域，高产作者有朱景敏、王伟等，高产研究机构为中国安全生产科学研究院、中国特种设备检测研究院等机构；③安全系统工程学科的热点研究领域主要聚焦于设备可靠性、系统可靠性、安全评价等重点领域，高产作者有谢开贵、谢里阳等，高产研究机构为中南大学资源与安全工程学院、华南理工大学电力学院等机构；④安全与应急管理学科的热点研究领域主要聚焦于应急救援、企业管理、灾区等重点领域，高产作者有傅贵、金磊等，高产研究机构为中国矿业大学（北京）应急管理与安全工程学院、中国安全生产科学研究院等机构；⑤职业安全健康学科的热点研究领域主要聚焦于职业病、职业危害、企业管理等重点领域，高产作者有刘移民等，高产研究机构为中国疾病预防控制中心职业卫生所、广东省职业病防治院等机构。

2）研究表明，相比1949～1998年，中国安全科学发展“黄金十年”的研究处于相对活跃期，但2010年后典型的应急、卫生、安全三大领域呈现出现不同特征。在2010年之始，安全领域的发文量一直呈大幅度上升，其中2014年突破了2600篇，这与2011年安全科学与工程一级学科获批有关。2003～2017年应急领域的发文量一直呈现快速上升趋势，这与2003年严重急性呼吸综合征（SARS）以来我国建立并完善“一案三制”应急管理制度相关。而卫生领域在2010年后开始呈现了下降趋势，这与2010年安全生产监管和卫生管理部门职责调整相关，即作业场所职业卫生监管职能由原卫生部调整到国家安全生产监督管理总局。经过“原黄金十年”的快速发展，“新黄金十年”继续保持平稳发展态势，标志着当前我国进入以应急管理技术与方法为核心的“全面发展”新时期，也为科学设置应急管理部，全面系统调整应急管理职能提供了理论基础。

本研究的数据来源于中国知网（CNKI）数据库，未检索外文期刊数据库，其研究结论只适用于国内安全科学与工程研究趋势判断，对于该领域在国际影响趋势未做出说明，也是研究进一步完善的重要领域方向。

参考文献

陈利兵. 2012. 职业病防治监管职责调整的思考与对策［J］. 安徽预防医学杂志，18（5）：377-378.

陈孝慈，谭章禄，马琳，等. 2017. 可视化安全管理知识图谱分析［J］. 中国安全科学学报，27（4）：13-18.

陈悦，刘则渊 . 2005. 悄然想起的科学知识图谱 [J]. 科学学研究，23 (2)：149-154.
高悦 . 2013. SARS 后的“一案三制”[J]. 中国医院院长，(5)：56-58.
雷旻，孙英娟，刘玲 . 2014. 论科学发展观视角下的安全科学与工程学科建设 [J]. 华北科技学院学报，11 (12)：54-58.
李浩然，李义强，闫聚考 . 2017. 安全科学与工程学科发展研究 [J]. 教育现代化，4 (24)：257-258.
李杰，郭晓宏，姜亢，等 . 2013. 安全科学知识图谱的初步研究——以《Safety Science》期刊数据为例 [J]. 中国安全科学学报，23 (4)：152-158.
李杰，郭晓宏 . 2014. 安全文化研究的科学知识图谱 [J]. 武汉理工大学学报（社会科学版），27 (4)：525-532.
李杰，李平，谢启苗，等 . 2018. 安全疏散研究的科学知识图谱 [J]. 中国安全科学学报，28 (1)：1-7.
李杰 . 2016. 安全科学结构及主题演进特征研究 [D]. 北京：首都经济贸易大学 .
李琰，赵龙钊，李红霞 . 2013. 1991-2012 年《中国安全科学学报》发表论文可视化分析 [J]. 中国安全科学学报，23 (9)：136-141.
曲方，郑颖君，林伯泉 . 2003. 安全科学体系建构中若干问题的探讨 [J]. 中国安全科学学报，13 (8)：4-8，84.
覃晓，廖兆琪，施宇，等 . 2020. 知识图谱技术进展及展望 [J]. 广西科学院学报，36 (2)：1-10.
谭章禄，单斐，陈孝慈 . 2017. 国内煤矿安全研究领域的知识图谱分析 [J]. 西安科技大学学报，37 (6)：837-843.
汤志伟，钟宗炬 . 2017. 基于 CSSCI 的国内公共安全研究知识图谱分析 [J]. 现代情报，37 (2)：119-125.
王丹，宫晶晶 . 2016. 基于知识图谱的国内建筑安全领域可视化研究 [J]. 工程管理学报，30 (6)：43-48.
王丹，宫晶晶 . 2018. 基于知识图谱的国内矿工不安全行为研究综述 [J]. 煤矿安全，49 (2)：234-237.
吴博，李伟 . 2017. 国内外安全社区研究的知识图谱分析 [J]. 安全，38 (11)：45-48.
吴宗之 . 2000. 中国安全科学技术发展回顾与展望 [J]. 中国安全科学学报，10 (1)：1-5.
徐锦芬，聂睿 . 2015. 基于 CiteSpace 的国际二语写作研究动态可视化分析（2004-2014）[J]. 外语电化教学，(4)：3-9
颜佳华，李悦鸣 . 2016. 基于 CNKI 论文（2000–2016）的行政文化研究知识图谱分析 [J]. 湖南财政经济学院学报，32 (4)：111-120.
杨书宏 . 2011 关于安全科学与工程一级学科申报工作回顾 [J]. 安全，2011，32 (6)：57-58.
杨月巧，贾怡如 . 2017. 基于 CiteSpace 的应急管理研究现状分析 [J]. 安全，8 (10)：33-36.
张慧，侯霞 . 2017. 基于知识图谱的标准文献分析 [J]. 计算机工程与设计，38 (4)：1103-1109.
赵岩，孙涛 . 2016. 国内社区治理研究知识图谱分析：基于 CSSCI 论文（2005–2015）[J]. 中国行政管理，(5)：32-37.
中国职业安全健康协会信息网.2011. 安全科学与工程一级学科申报工作圆满完成 [EB/OL]. http://www. cosha. org. cn/103280/ 103372/198032. html. [2011-05-04].
钟期进，吴超，刘辉.2010. 中美安全科学发展“黄金十年”比较研究 [J]. 中国安全科学学报，20 (4)：3-13.
Bosire O O. 2008. Productivity, and scientific impact of sources of HIV/AIDS research information, with a focus on eastern and southern Africa [J]. Afr J Aids Res, 7 (1): 55-70.
Cummings P, Koepsell T D, Mueller B A. 1995. Methodological challenges in injury epidemiology and injury prevention research [J]. Annu Rev Public Health, 16 (1): 381-400.
Darvish H. 2012. Assessing the diffusion of nanotechnology in Turkey: A social network analysis approach [J]. Collnet Journal of Scientometrics and Information Management, 6 (1): 175-183.
Emery C A, Caine D J, Maffulli N. 2005. Injury prevention and future research [J]. Med Sport Sci, 49 (9): 170-191.
Leydesdorff L, Bornmann L, Zhou P. 2016. Construction of a pragmatic base line for journal classifications and maps based on aggregated journal-journal citation relations [J]. Journal of Informetrics, 10 (4): 902-918.
Li J, Hale A. 2015. Identification of and knowledge communication among core safety science journals [J]. Safety Science, 74 (4): 70-78.
Li J, Hale A. 2016. Output distributions and topic maps of safety related journals [J]. Safety Science, 82 (2): 36-244.
Madani F, Weber C. 2016. The evolution of patent mining: Applying bibliometrics analysis and keyword network analysis [J]. World Patent Information, 46 (9): 32-48.
Morar M, Agachi P S. 2010. Review: Important contributions in development and improvement of the heat integration techniques [J]. Computers & Chemical Engineering, 34 (8): 1171-1179.
Pinto A L, Efraingarcia P, Gonzúlez J A M. 2007. Scientific indicators on literature in bibliometry and scientometry through social networks [J]. Brazilian Journal of Information Science, 1 (1): 58-75.
Synnestvedt M B, Chen C, Holmes J H. 2005. CiteSpace Ⅱ: visualization and knowledge discovery in bibliographic databases [J]. Amia. annual Symposium Proceedings, (2): 724-728.
Tonta Y, Çelik A Ö. 2013. Cahit Arf: Exploring his scientific influence using social network analysis, author co-citation maps and single publication h index1 [J]. Journal of Scientometric Research, 2 (1): 1-21.
Wang Q, Waltman L. 2016. Large-scale analysis of the accuracy of the journal classification systems of Web of Science and Scopus [J]. Journal of Informetrics, 10 (2): 347-364.

第 4 章 劳动+职业卫生学科可视化分析

为客观描述我国职业卫生研究现状及发展动态，以 CNKI 收录的 1990～2018 年期刊论文为数据库，运用 CiteSpace 软件进行可视化分析，获取职业卫生学科空间合作、作者合作以及热点主题的知识图谱。当前，我国职业卫生研究和学科发展仍存在一定的发展空间。该领域的研究机构主要集中于职业卫生类研究院、防治院，而开设职业卫生工程本科高校较少，缺少具有工程背景的职业卫生工程人才。当前研究热点仍是传统职业病的风险调查，而其工程防治、控制技术和相关法律的研究关注相对较少。改善当前我国职业卫生现状的关键措施在于职业卫生工程技术水平提升。

4.1 问题提出与文献综述

2019 年 3 月 25 日，教育部批准设立了职业卫生工程（学科代码：082903T）本科专业，成为职业卫生工程学科专业发展的标志性事件，引起了企业界、教育界和学术界的极大关注。职业卫生，也称劳动卫生或劳动卫生学，国外又称职业健康，是研究劳动条件对劳动者健康的影响，提出改善劳动条件、保护劳动者健康、预防职业病措施的一门科学（冯肇瑞和叶继香，1990）。1949 年中华人民共和国成立以来，党和国家非常重视职业卫生工作，其发展主要经过了三个阶段：起步期（1949～1978 年）、大发展期（1979～2008 年）、转型发展期（2009～2019 年）（肖云龙等，2002）。起初国内主要关注工业尘毒防治（丁俊清，1976），重点是矽尘、职业中毒和高温（吴执中等，1959），之后发展期研究的焦点在于职业病及其发病规律（王艳华等，1992），对于防护措施、作业方式和职业卫生管理的关注度较低（梁友信和傅华，2001）。国际上的学者则对职业危害因素的理化性质研究较多（Wood，2017），已不再局限于传统职业病的研究（Anna et al.，2018），并且职业工效学也日益成为该领域研究热点（Fox et al.，2015）。Van Luijk Judith 等（2019）对氧化亚氮职业暴露限值展开研究；Kaelin（2014）研究如何控制涂料行业工人的危害因素暴露；Choi（2012）则对建筑业内易患的与工作相关的肌肉骨骼疾病进行了调查。对比该学科在国内外的发展，有学者建议我国切实推进职业卫生技术服务供给侧改革（张鸽，2019），特别是重视职业危害因素工程控制措施研究（唐小哲和刘东山，2018），对于学科发展、课程建设也应加大关注程度（李禧娜，2017）。鉴于此，本章基于 CNKI 数据库，运用 CiteSpace 软件进行可视化分析，建立职业卫生学科的空间合作、作者合作以及热点主题知识图谱，对国内职业卫生研究的趋势特征进行客观地描述，为给学科未来的发展方向提供参考依据。

4.2 数据来源与研究方法

4.2.1 数据来源

以 CNKI 为数据来源，以职业卫生为主题词进行检索。选取的期刊时间为 1990 年 1 月 1 日 ~2018 年 12 月 31 日，此文献收集主要以中文学术期刊为限制条件，剔除其中的教学改革、无作者的通信、会议通知和卷首语、书籍介绍等非学术论文数据。检索出符合要求的期刊文献，再成批量按年份每 500 篇文献一批进行作者、机构等内容的导出，并将数据保存为 Refworks 格式。最终实用软件分析文献共 12 251 篇。

4.2.2 研究方法

采用 CiteSpace 软件，围绕“职业卫生”这一主题进行了关键词、作者和机构三个方面相关数据的分析，以呈现职业卫生这一主题在关键词、作者和机构三方面的发展现状与趋势。

4.2.3 职业卫生发文态势分析

(1) 发文年份分布

以“职业卫生”“劳动卫生”“工业卫生”“职业健康”“职业危害”作为主题词进行 1990 ~2018 年核心期刊检索，其发文趋势如图 4-1 所示。图 4-1 显示，职业卫生学科研究热度一般，其发文量在 200 篇左右，这与我国职业卫生政策频繁调整的现实是一致的，客观反映了学术界关注程度。

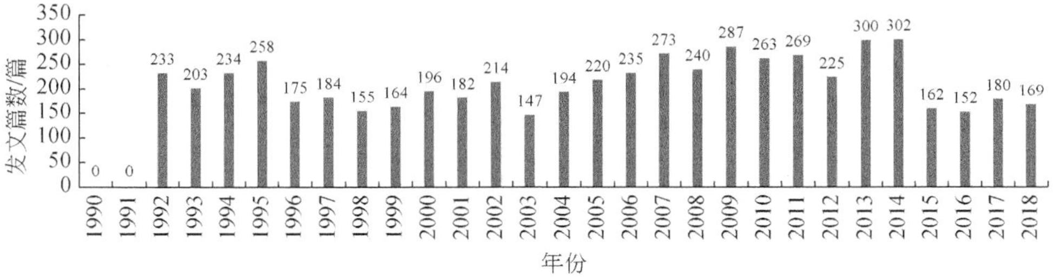

图4-1 职业卫生学科领域发文年代分布

(2) 期刊发文量统计

依据上文的数据库，考察期刊载文数量的趋势如图4-2所示。图4-2显示，职业卫生学科的载文期刊主要分布于《职业与健康》(3451篇，占比21.55%)，其次为《职业卫生与应急救援》(1211篇，占比7.56%)和《中国工业医学杂志》(1000篇，占比6.25%)，进一步揭示当前职业卫生研究期刊活跃程度。

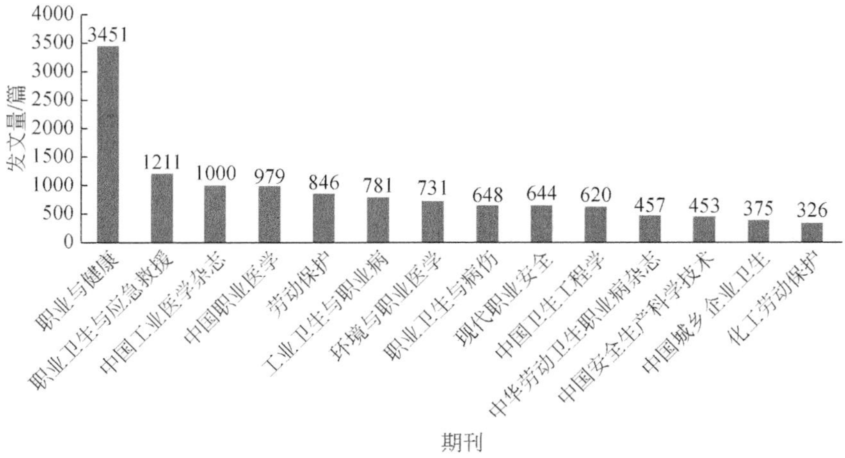

图4-2 职业卫生学科期刊载文量统计

4.3 职业卫生可视化结果分析

4.3.1 机构的空间合作

使用CiteSpace提供的机构合作网络分析，得到的机构数量为209，其主要分布如图 4-3 所示。在该图中节点的大小代表机构论文的产出量，网络中的连线代表了机构之间的合作关系。结果显示，国内职业卫生学科研究的 10 个高产机构分布在中国疾病预防控制中心职业卫生与中毒控制所（368 篇）、广东省职业病防治院（335 篇）、江苏省疾病预防控制中心（215 篇）、山东省职业卫生与职业病防治研究院（206 篇）、中国疾病预防控制中心（原中国预防医学科学院）劳动卫生与职业病研究所（171 篇）、复旦大学上海医学院（原上海医科大学）（160 篇）、中国安全生产科学研究院（149 篇）、复旦大学公共卫生学院（147 篇）、上海市疾病预防控制中心（140 篇）、广州市职业病防治院（132 篇）。结果反映了职业卫生学科研究上的主流趋势和重要的学术影响，但过多集中于研究所、职防院，缺少职业卫生工程专业人才培养的高校。

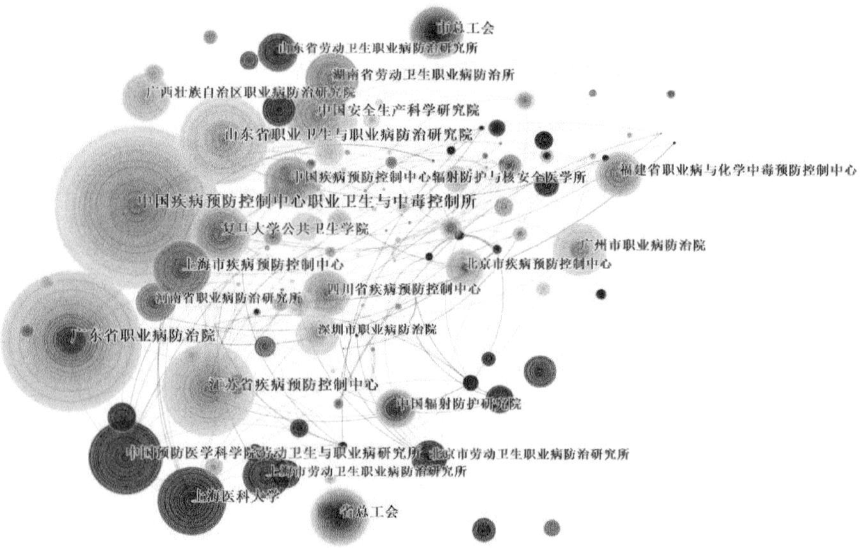

图 4-3　职业卫生学科的研究机构共现图谱（1990～2018 年）

4.3.2　职业卫生学科的作者合作

将所建数据库按照每年进行切分，将节点的类型设置为 Authors，提取每个时间切片排名前 50 的作者，以生成作者的合作网络。得到的合作网络共包含了 308 个作者，得到的合作网络如图 4-4 所示。结果显示，刘移民（155 篇）在 1990～2018 年国内职业卫生学科研究的产出中排名第一，其次是李涛（123 篇）、张敏（107 篇）、崔力争（78 篇）、陈刚（75 篇）、朱宝立（54 篇）、郭淑霞（51 篇）、黄德寅（46 篇）、王静（44 篇）、李盛（44 篇）。这些高产作者共同组成了职业卫生学科研究的核心研究力量。在合作网络中，以刘移民为核心的团队规模最大，具有最高的影响，反映了广州市职业病防治院在职业卫生和职业病的防治工作贡献。

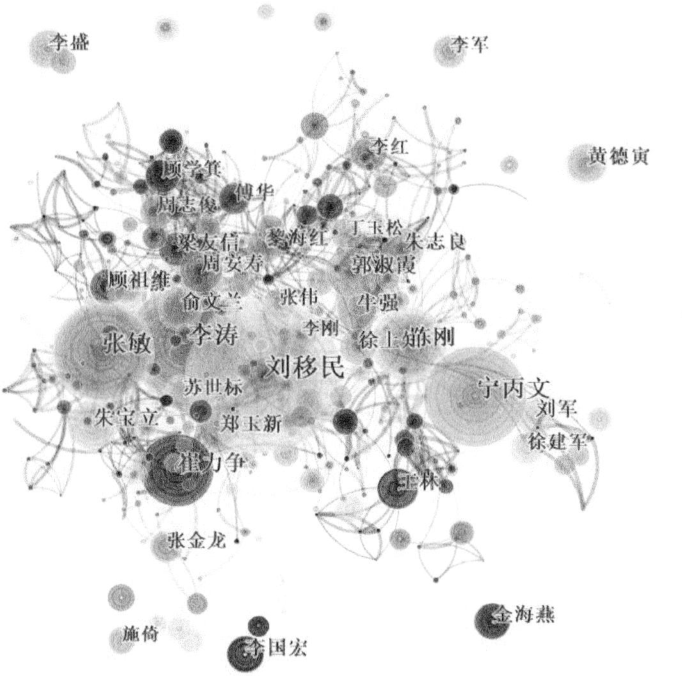

图 4-4　职业卫生学科的研究作者合作图谱（1990～2018 年）

4.3.3　职业卫生学科的热点主题

关键词能有效反映一个研究领域和论文内容的精髓，高频关键词更能反映研究领域内的热点和核心问题。依据前文建立的数据库，通过软件功能识别并记录职业卫生学科文献的热点关键词与高频关键词，将关键词以中介中心性为依据进行排序得到学科热点主题（表 4-1 和图 4-5）。结果显示，当前职业卫生学科热点研究领域集中在职业病、职业危害、职业卫生、劳动卫生和尘肺。其中职业病防治排在第 10 名，反映出当前我国职业病防治工作仍然存在滞后现象，各界对职业卫生的研究还停留在表面，其工程防治的技术推广仍然需要强化。这与当前我国职业病防治的总体要求存在较大差距，其主要原因是职业卫生工程人才培养不受重视。

表 4-1 职业卫生学科热点关键词（1990～2018 年）

序号	频次	中介中心性	关键词
1	7648	0. 18	职业病
2	4912	0. 13	职业危害
3	4848	0. 1	职业卫生
4	3259	0. 08	劳动卫生
5	2786	0. 03	尘肺
6	2783	0. 04	职业病危害
7	2629	0. 04	劳动保护
8	2537	0. 05	预防医学
9	2280	0. 07	企业管理
10	2173	0. 07	职业病防治

图 4-5 职业卫生学科的关键词分析（1990～2018 年）

4.4 小　结

1）在 2019 年教育部批准设立职业卫生工程本科专业的背景下，我国职业卫生学科发展打破了原来在公共卫生与预防医学一级学科的“尴尬境地”，成为安全科学与工程一级学科中的重要特色二级学科。

2）空间合作知识图谱结果表明，开展职业卫生研究机构主要集中于职防院，且研究仅停留在风险调查及职业病病理研究，对能应用于实际工作中的工程防治技术研究较少。

3）作者合作知识图谱结果表明，在 1990 ~ 2018 年国内职业卫生学科研究的产出中排名第一的是刘移民（155 篇），其次是李涛（123 篇）、张敏（107 篇），初步形成一定的研究团队。

4）热点主题知识图谱结果表明，当前职业卫生研究领域较为单一，主要集中在职业病、职业危害、职业卫生、劳动卫生和尘肺。研究方向偏向于现状调查，缺少职业卫生工程技术前沿研究和对法律法规的探索研究。

参 考 文 献

丁俊清 . 1976. 劳动卫生与职业病领域内免疫学研究的基本任务［J］. 国外医学参考资料（卫生学分册），（2）：123-125.

冯肇瑞，叶继香 . 1990. 职业安全卫生词典［M］. 成都：四川人民出版社 .

李禧娜 . 2017. 职业卫生学期刊发展现状分析［J］. 中国科技期刊研究，28（3）：225-229.

梁友信，傅华 . 2001. 21 世纪职业卫生展望［J］. 职业与健康，17（4）：1-3.

唐小哲，刘东山 . 2018. 职业安全健康监督管理工作职责调整的解读与建议［J］. 环境与职业医学，35（9）：791-794.

王艳华，金凤琴，张会齐 . 1992. 大中型企业劳动卫生与职业病的防治管理工作［J］. 中华劳动卫生职业病杂志，（4）：33-34

吴执中，刘世杰，王文彦 . 1959. 新中国在劳动卫生与职业病防治方面的主要成就［J］. 中级医刊，（11）：12-13.

肖云龙，罗普泉，余丹 . 2002. 职业卫生面临的机遇与挑战［J］. 职业卫生与病伤，（1）：25-26.

张鸽 . 2019. 新时代职业卫生技术服务：机遇、主要矛盾及对策［J］. 中国职业医学，46（3）：380-382.

Anna G P，Mariusz G，Ewelina G. 2018. Occupational Safety and Hygiene of Dentists from Urban and Rural Areas in Terms of Sharp Injuries：Wound Structure，Causes of Injuries and Barriers to Reporting-Cross- Sectional Study，Poland［J］. International Journal of Environmental Research and Public Health，15（8）：1-10.

Choi S D. 2012. A study of trade- specific occupational ergonomics considerations in the U. S. Construction Industry [J]. Work, 42 (2): 215-222.

Fox R R, Brogmus G E, Maynard W S. 2015. Aging Workers and Ergonomics: A Fresh Perspective [J]. Professional Safety, 60 (1): 33-41.

Kaelin A B. 2014. Managing chemical hazards and permissible exposure limits: Coatings industry considerations [J]. Journal of Protective Coatings and Linings, 31 (12): 36-39.

Van Luijk Judith A K R, Popa M, Swinkels J, et al. 2019. Establishing a health- based recommended occupational exposure limit for nitrous oxide using experimental animal data- A systematic review protocol [J]. Environmental Research, 178 (11): 27-36.

Wood R D. 2017. Center for the Polyurethanes Industry summary of unpublished industrial hygiene studies related to the evaluation of emissions of spray polyurethane foam insulation [J]. Journal of Occupational and Environmental Hygiene, 14 (9): 681-693.

第 5 章　劳动+学科知名学者和研究机构评价

5.1　劳动+学科的评价背景

学科是以一定的共性的客体为研究对象而形成的相对独立的知识体系或分支（朱茂林，2007）。新中国成立以来，我国高等学校本科教育专业设置了 14 个学科门类，至今还没有劳动科学一级学科。2010 年，赵健杰首次给出了劳动科学一级学科的概念，即劳动科学是指以人类劳动实践作为总的研究对象，以劳动者在劳动过程中产生的劳动问题以及与劳动问题相关的一切自然和社会关系及其调整问题作为研究内容，而形成的具有内在联系和分布规律的学科群。劳动经济学、劳动法学、劳动关系学等具体劳动学科成为构成劳动科学一级学科的基本要素，而劳动科学也成为具体劳动学科形态的统一体。2016 年，中国劳动关系学院在制定“十三五”发展规划的调研过程，结合学校的劳动特色本科优势专业及工会领域的科研特色提出了“劳动+”和“工会+”的学科建设规划思路，第一次明确提出了“劳动+学科”的大科学命题，从理论上探讨了支撑劳动教育国家战略实施的劳动+学科发展规律。

5.1.1　劳动科学一级学科的发展

2018 年 9 月 10 日，习近平总书记在全国教育大会上发表的重要讲话提出培养德智体美劳全面发展的社会主义建设者和接班人。这将劳动教育提升为国民教育体系的重要组成部分（刘向兵，2019a），标志着劳动教育上升为国家战略。“劳动科学”这一学科，在我国的发展历史悠久，同时在高等教育界有极高的关注度。2009 年 11 月 5 日，“劳动科学一级学科专家认证会”在中国人民大学召开，参会的中国劳动界专家一致认为，劳动科学作为一级学科的基本条件已经具备，在我国设立劳动科学一级学科势在必行（佚名，2009）；2017 年 2 月 13 日，中国劳动关系学院将“劳动情怀深厚”的高素质应用型人才培养目标第一次写入《中国劳动关系学院“十三五”发展规划》；2019 年 4 月 19 日，劳动经济学会主办、池州市人力资源和社会保障局承办的“第三届劳动经济学学科建设研讨会”在池州召开，与会学者认为，劳动科学正日益成为我国社会主义新时代的显学，国家设立劳动科学一级学科恰逢其时（刘向兵，2019b）。因此，开展劳动+学科知名学者影响力排行研究对引领劳动科学一级学科发展具有极其重要的现实意义和理论价值。

5.1.2 评价排行背景

2016年，国务院办公厅出台了《国务院办公厅关于优化学术环境的指导意见》，明确指出，健全激励创新的学术评价体系和导向机制。同时在主要目标中提出，到2020年，学术评价更加科学规范。因此，如何建构科学的学术评价指标体系，既是国家重点关注的问题，也是学术界亟待解决的热点问题。

每一个学科或研究领域的发展都需要众多学者的共同推动，学者的学术影响力对劳动科学学科的繁荣发展起着至关重要的作用。因此，本排行榜从学者的角度入手，综合分析学者个人对劳动科学学术领域影响的广度和深度，不仅能从学者个体上反映其学术水平、学术贡献及其在学术领域中的地位，而且还能从学科整体层面分析不同地域和机构的学科实力和影响水平。为识别高影响力学者，选拔优秀学者提供参考，同时为学者和机构的创新绩效考核提供依据，以期进一步提高劳动科学学科的整体学术影响力。

5.2 排行榜测度数据计算

5.2.1 评价指标体系确定

学者的学术影响力是指学者对其所处科研领域内其他个人及其科研活动的影响范围和深度，根本来源是学者学术研究成果的数量和质量。因此，排行榜指标体系设计本着科学性、客观性、可操作性原则，在经历过几轮征集专家意见后，最终确定了以下排行榜指标体系与权重分配表，见表5-1。

表5-1 排行榜评价指标体系与权重分配表

指标属性	权重	计算方法	测度对象
1999～2019年核心期刊发文量	15%	顶级期刊权重为15%×60%，普通核心期刊权重为15%×40%	学者高水平论文科研产出

续表

指标属性	权重	计算方法	测度对象
1999 ~ 2019 年核心期刊引用量	25%		学者论文对学科领域的总体影响程度
1999 ~ 2020 年核心期刊下载量	10%		学者论文的受关注程度
H 指数	25%		学者论文质量和数量的综合评价指标
AR 指数	25%		学者在重要同行中的影响力

1）1999 ~ 2019 年核心期刊发文量。该指标是测度学者学术水平学术影响力的一项重要指标。本排行榜选取 1999 ~ 2019 年的核心期刊发文量来衡量学者近期的论文科研产出。同时从质量与影响力角度来看，期刊水平越高、论文受关注度越高、学术质量越高、学术影响范围越大，因此，在计算指标时对期刊水平进行了区分，以全国第四轮学科评估中认定的人文社科领域的“A 类期刊”作为依据划分顶级期刊和普通核心期刊。

2）1999 ~ 2019 年核心期刊引用量。计算学者所发表的核心期刊的论文引用次数总和，体现了学者研究成果对学科领域的总体影响程度。

3）1999 ~ 2020 年核心期刊下载量。采集某学者所发表所有核心期刊的总下载次数，体现了学者的论文受关注程度。

4）H 指数。学者的 H 指数值是指该学者发表的 N 篇论文中，有 h 篇引文数至少为 h 次的论文，能从论文数量和被引频次两个角度来评价学者个人学术研究绩效，是可以将数量和质量统一的综合指标，且 H 指数具有一定的稳定性，能将那些作出持久而且是重大贡献却未获得与其声望相称奖励的研究者凸显出来。

5）AR 指数。借鉴 PageRank 算法的思路，通过运用该算法选出重要作者的论文被引用和认同视为同行评议的肯定性结果，对个体学者的学术影响力进行评价。

5.2.2 专家学者选择

初步人员的选择依据是利用劳动科学学科相关期刊发表的学术论文库来寻找劳动科学一级学科和各子学科的具有学术影响力的学者。具体方法如下：

首先，根据给定的劳动科学 50 种相关核心期刊，采集 1999 ~ 2019 年相关核心期刊发表的所有劳动学科相关论文并收集论文的第一作者信息，作为劳动学科排行榜初步待算学者名单。

其次，利用 CNKI 数据库，对全部待算学者进行收集，其中包含学者姓名、学者机构、学者所属学科、学者总发文量，并在收集过程中剔除学者领域明显与劳动科学不相关或者关联度较小的学者。

再次，借助微博搜集舆情信息的技术优势，利用微博搜索功能对存在学术不端、违纪违法等不良行为的学者进行搜寻，并进行人工核查，如属实则剔除。

最后，根据发文量、他引总量和下载量对初步待选学者进行排序，选择前 260 名学者作为最后入榜计算人员。

5.2.3 数据采集与计算

首先，利用 CNKI 数据库采集待上榜学者论文信息（下载量、引用量、中图分类号和关键词等），据此统计待上榜学者 1999 ~ 2019 年的核心期刊发文量、核心期刊引用量、核心期刊下载量。同时，在核心期刊发文量统计过程中，分析算法对采集数据进行了智能分析：第一，针对论文优先发表造成一篇论文多条记录的情况，统计算法依据下载量、引用量的大小关系仅统计一条记录，避免重复统计；第二，以全国第四轮学科评估认定的人文社科领域的“A 类期刊”作为划分依据，对顶级期刊和普通核心期刊分别进行统计。

其次，依据中国引文数据库采集学者论文引用信息，并计算 H 指数和 AR 指数。其中，AR 值计算过程只考虑待上榜学者的引用关系，即关注学者在重要同行中的影响力。

再次，对指标数据进行归一化处理，归一化方法采用 Z-score 方法。

最后，根据权重进行加权，计算得出劳动科学所有入榜学者最终分数并排序，选取前 100 名学者形成劳动科学一级学科学者学术影响力排行榜。

5.2.4 子学科划分

依据《中图法》（第四版）将劳动科学划分为劳动科学基础理论、劳动经济学、劳动法学、劳动关系学、劳动管理学、职业培训、劳动社会学、劳动安全卫生学、劳动计量学、劳动统计学、劳动与社会保障学 11 个子学科。首先，建立子学科与《中图法》分类号之间的对应关系。然后，利用对应关系表对论文所属子学科进行划分，从而确定学者所属子学科。

5.3 劳动+学科学者影响力排行榜结果分析

5.3.1 劳动科学基础理论学科学者影响力排行榜及其机构排名

依据 5.2.3 节数据计算方法，计算得出劳动科学基础理论学科学者影响力排行基础数据，见表 5-2 ~ 表 5-4。

表 5-2 劳动科学基础理论学科影响力前 200 名学者排名基础数据表

排名	学者	机构	核心期刊（普）	顶刊	下载量/次	引用量/次	H 值	AR 值
1	杨河清	首都经济贸易大学	53	1	33 108	862	20	0.005 768
2	刘洪银	天津农学院	51	1	16 116	366	12	0.004 951
3	孙毅	复旦大学	16	0	10 261	317	9	0.004 951
4	赵一鸣	北京大学第三医院	8	0	1 032	58	5	0.015 372
5	王丹	国网能源研究院有限公司（原国网能源研究院）	17	0	8 118	226	10	0.003 316
6	刘超捷	中国矿业大学	12	0	5 286	221	8	0.004 951
7	葛华	新疆医科大学	10	2	4 065	148	10	0.001 058
8	郑金平	山西医科大学	10	3	1 276	85	9	0.002 389
9	王忠旭	中国疾病预防控制中心职业卫生与中毒控制所	7	0	1 291	59	5	0.009 564
…	…	…	…	…	…	…	…	…
200	叶舟	克拉玛依市中心医院	1	0	1	0	0	0.000 743

表 5-3 劳动科学基础理论学科影响力前 200 名学者总分及排名

排名	学者	机构	综合得分
1	杨河清	首都经济贸易大学	1 282.689 66
2	刘洪银	天津农学院	967.303 764
3	孙毅	复旦大学	846.792 689
4	赵一鸣	北京大学第三医院	816.242 916
5	王丹	国网能源研究院	799.189 56
6	刘超捷	中国矿业大学	783.729 046

续表

排名	学者	机构	综合得分
7	葛华	新疆医科大学	759.388 771
8	郑金平	山西医科大学	754.381 478
9	王忠旭	中国疾病预防控制中心职业卫生与中毒控制所	741.135 553
…	…	…	…
200	叶舟	克拉玛依市中心医院	546.596 088

表 5-4　劳动科学基础理论学科影响力前 200 名学者机构排名

排名	机构	入选人数
1	中国疾病预防控制中心	16
2	华中科技大学	12
3	复旦大学	8
4	新疆医科大学	6
5	首都经济贸易大学	4
5	山西医科大学	4
5	北京大学	4
5	武汉科技大学	4
5	江苏省疾病预防控制中心	4
6	河南省职业病防治研究院	3
6	郑州大学	3
6	山东省职业卫生与职业病防治研究院	3
6	中国安全生产科学研究院	3
6	甘肃省疾病预防控制中心	3
6	广西壮族自治区职业病防治研究院	3
7	北京大学第三医院	2
7	广东省职业病防治院	2
7	兰州大学	2
7	中国劳动关系学院	2
7	昆山市疾病预防控制中心（昆山市卫生检测中心）	2
7	苏州大学	2
7	安徽医科大学	2
7	广州市职业病防治院	2
7	浙江大学	2

续表

排名	机构	入选人数
7	南通市疾病预防控制中心	2
7	中国石油化工股份有限公司青岛安全工程研究院	2
7	首都医科大学附属北京朝阳医院	2
7	天津市疾病预防控制中心	2
7	遵义医科大学（原遵义医学院）	2
7	广西医科大学	2
7	复旦大学附属金山医院	2
7	广州市第十二人民医院	2
7	青海省疾病预防控制中心	2
8	天津农学院	1
8	国网能源研究院	1
8	中国矿业大学	1
8	江南大学	1
8	南方医科大学	1
8	滨州医学院	1
8	重庆师范大学	1
8	贵州医科大学（原贵阳医学院）	1
8	南开大学	1
8	中国医学科学院	1
8	湖北工业大学	1
8	中国铁路太原局集团有限公司	1
8	浙江省疾病预防控制中心	1
8	中山大学	1
8	天津市工会管理干部学院	1
8	江汉大学	1
8	广西壮族自治区职业病防治研究院	1
8	华北理工大学（原华北煤炭医学院）	1
8	深圳市康宁医院	1
8	济宁医学院	1
8	上海市宝山区疾病预防控制中心	1
8	河北民族师范学院	1
8	本溪钢铁（集团）有限责任公司	1

续表

排名	机构	入选人数
8	福州市疾病预防控制中心	1
8	吉林大学中日联谊医院	1
8	中国地质大学（武汉）	1
8	宁夏医科大学	1
8	河南科技大学	1
8	温州医学院	1
8	华北理工大学（原河北联合大学）	1
8	宁波市疾病预防控制中心	1
8	苏州市疾病预防控制中心	1
8	新疆医科大学第五附属医院	1
8	中南大学	1
8	四川师范大学	1
8	山东大学	1
8	荆门市疾病预防控制中心	1
8	浙江省医学科学院卫生学研究所	1
8	浦东新区卫生健康委监督所	1
8	广东药科大学（原广东药学院）	1
8	广州体育学院	1
8	青海省疾病预防控制中心职业与公共卫生所	1
8	青海大学	1
8	河南理工大学	1
8	贵州省应急管理科学研究院（原贵州省劳动保护科学技术研究院）	1
8	辽宁省职业病防治院	1
8	鹤壁职业技术学院	1
8	中国铁路昆明局集团有限公司	1
8	中国海洋石油集团有限公司	1
8	辽宁石油化工大学	1
8	南京工业大学	1
8	同济大学附属杨浦医院（原上海市杨浦区中心医院）	1
8	唐山市疾病预防控制中心	1
8	荣成市第二人民医院	1
8	天津渤海化工集团有限责任公司劳动卫生研究所	1

续表

排名	机构	入选人数
8	中国石油大学（华东）	1
8	天津市疾病预防控制中心	1
8	海南医学院	1
8	武钢大冶铁矿职工医院	1
8	中南财经政法大学	1
8	上海市卫生健康委员会（原上海市卫生局）	1
8	枣庄矿业（集团）有限责任公司中心医院	1
8	上海化学工业区医疗（急救）中心	1
8	上海市化工职业病防治院（上海市职业安全健康研究院）	1
8	黔南民族医学高等专科学校	1
8	北京市疾病预防控制中心	1
8	安阳师范学院	1
8	北京市劳动保护科学研究所	1
8	中国地质调查局西安地质调查中心（西北地质科技创新中心）	1
8	中国航天员科研训练中心	1
8	鹤壁市疾病预防控制中心	1
8	哈尔滨医科大学	1
8	中国铁路兰州局集团有限公司疾病预防控制所	1
8	胜利油田疾病预防控制中心（原胜利石油管理局卫生防疫站）	1
8	宁夏回族自治区疾病预防控制中心	1
8	扬子石化–巴斯夫有限责任公司	1
8	成都市妇女儿童中心医院	1
8	山东省疾病预防控制中心	1
8	中国人民大学	1
8	德州学院	1
8	四川省科学城医院	1
8	鞍山市体检中心（鞍山市职业病防治院）	1
8	中国铁路北京局集团有限公司	1
8	克拉玛依市中心医院	1

5.3.2 劳动经济学学科学者影响力排行榜及其机构排名

依据以上数据计算结果，计算得出劳动经济学学科学者影响力排行基础数据，见表5-5～表5-7。

表5-5 劳动经济学学科影响力前200名学者排名基础数据

排名	学者	机构	核心期刊（普）	顶刊	下载量/次	引用量/次	H值	AR值
1	蔡昉	中国社会科学院	100	80	429 525	20 483	75	0.050 993
2	姚先国	浙江大学	89	45	165 765	7 636	50	0.012 517
3	王德文	中国社会科学院人口与劳动经济研究所	18	18	62 579	4 555	23	0.035 528
4	李实	北京师范大学	38	48	208 534	5 151	39	0.009 834
5	都阳	中国社会科学院人口与劳动经济研究所	19	17	68 697	3 099	26	0.025 352
6	范剑勇	复旦大学	16	22	92 940	4 064	25	0.015 584
7	常凯	中国人民大学	29	4	63 707	2 640	27	0.020 534
8	赖德胜	北京师范大学	39	41	97 338	3 570	30	0.001 99
9	张车伟	中国社会科学院人口与劳动经济研究所	30	28	73 217	3647	26	0.006 084
…	…	…	…	…	…	…	…	…
200	蔡之兵	中国人民大学	19	1	19 252	286	9	0.001 263

表5-6 劳动经济学学科影响力前200名学者总分及排名

排名	学者	机构	综合得分
1	蔡昉	中国社会科学院	2 191.995 92
2	姚先国	浙江大学	1 237.750 96
3	王德文	中国社会科学院人口与劳动经济研究所	1 132.184 89
4	李实	北京师范大学	1 096.688 38
5	都阳	中国社会科学院人口与劳动经济研究所	1 016.286 55
6	范剑勇	复旦大学	965.471 22
7	常凯	中国人民大学	949.612 997
8	赖德胜	北京师范大学	892.024 664

续表

排名	学者	机构	综合得分
9	张车伟	中国社会科学院人口与劳动经济研究所	881. 103 713
…	…	…	…
200	蔡之兵	中国人民大学	611. 007 503

表 5-7　劳动经济学学科影响力前 200 名学者机构排名

排名	机构	入选人数
1	中国人民大学	16
2	北京师范大学	13
3	中国社会科学院	11
4	南开大学	7
4	中国劳动关系学院	7
5	北京大学	6
6	浙江大学	5
6	复旦大学	5
6	首都经济贸易大学	5
6	西南财经大学	5
7	暨南大学	4
7	华南师范大学	4
7	上海财经大学	4
7	厦门大学	4
7	西安交通大学	4
7	东北财经大学	4
7	中南财经政法大学	4
7	武汉大学	4
8	浙江工商大学	3
8	华东政法大学	3
8	上海社会科学院	3
8	对外经济贸易大学	3
9	重庆大学	2
9	华南理工大学	2
9	西北大学	2
9	华南农业大学	2

续表

排名	机构	入选人数
9	中央财经大学	2
9	中山大学	2
9	湖南大学	2
9	山东大学	2
9	扬州大学	2
9	南京财经大学	2
9	南京审计学院	2
9	辽宁大学	2
9	北京交通大学	2
9	山西财经大学	2
10	同济大学	1
10	河北大学	1
10	华侨大学	1
10	吉林大学	1
10	云南财经大学	1
10	南京农业大学	1
10	中国青年政治学院	1
10	浙江理工大学	1
10	中南大学	1
10	上海交通大学	1
10	湖南工商大学（原湖南商学院）	1
10	深圳大学	1
10	燕山大学	1
10	南京大学	1
10	湖北工业大学	1
10	华东理工大学	1
10	大连理工大学	1
10	云南民族大学	1
10	天津农学院	1
10	福建师范大学	1
10	浙江工业大学	1
10	中国海洋大学	1

续表

排名	机构	入选人数
10	清华大学	1
10	安徽科技学院	1
10	西南政法大学	1
10	华中师范大学	1
10	苏州大学	1
10	中南民族大学	1
10	上海市劳动人事争议仲裁院	1
10	江苏电子信息职业学院（原淮安信息职业技术学院）	1
10	太原理工大学	1
10	中国农业大学	1
10	山西大学	1
10	南京工业大学	1
10	上海对外经贸大学（原上海对外贸易学院）	1
10	上海师范大学	1
10	上海社会科学院社会学研究所	1
10	信阳师范学院	1
10	安阳师范学院	1
10	北京联合大学	1
10	安徽大学	1
10	西南大学	1
10	浙江财经大学	1
10	北京化工大学	1
10	香港科技大学	1
10	东北师范大学	1
10	贵州财经大学（原贵州财经学院）	1
10	成都信息工程学院	1

5.3.3 劳动法学学科学者影响力排行榜及其机构排名

依据以上数据计算结果，计算得出劳动法学学科学者影响力排行基础数据，见表 5-8 ~ 表 5-10。

表 5-8　劳动法学学科影响力前 200 名学者排名基础数据

排名	学者	机构	核心期刊（普）	顶刊	下载量/次	引用量/次	H 值	AR 值
1	姚先国	浙江大学	89	45	165 765	7 636	50	0.009 365
2	常凯	中国人民大学	29	4	63 707	2 640	27	0.038 56
3	张车伟	中国社会科学院人口与劳动经济研究所	30	28	73 217	3 647	26	0.006 996
4	曾湘泉	中国人民大学	59	27	109 211	2 916	27	0.002 019
5	谢增毅	中国社会科学院法学研究所	29	14	69 114	1 876	24	0.005 507
6	郑尚元	清华大学	18	16	55 264	1 444	22	0.008 708
7	林嘉	中国人民大学	18	22	51 874	1 362	23	0.007 194
8	冯彦君	吉林大学	23	15	41 382	2 198	25	0.004 381
9	张世伟	吉林大学	51	31	59 825	1 589	23	0.000 389
…	…	…	…	…	…	…	…	…
200	阎天	北京大学	5	1	3 710	45	4	0.001 59

表 5-9　劳动法学学科影响力前 200 名学者总分及排名

排名	学者	机构	综合得分
1	姚先国	浙江大学	1 603.855 23
2	常凯	中国人民大学	1 392.286 58
3	张车伟	中国社会科学院人口与劳动经济研究所	1 095.546 48
4	曾湘泉	中国人民大学	1 038.598 76
5	谢增毅	中国社会科学院法学研究所	934.628 236
6	郑尚元	清华大学	930.773 147
7	林嘉	中国人民大学	923.167 42
8	冯彦君	吉林大学	920.363 651
9	张世伟	吉林大学	894.118 252
…	…	…	…
200	阎天	北京大学	592.916 486

表 5-10　劳动法学学科影响力前 200 名学者机构排名

排名	机构	入选人数
1	中国劳动关系学院	26

续表

排名	机构	入选人数
2	中国人民大学	16
3	首都经济贸易大学	8
4	西南政法大学	6
4	西南财经大学	6
5	深圳大学	5
5	北京师范大学	5
6	浙江大学	4
6	吉林大学	4
6	南开大学	4
6	武汉大学	4
6	北京大学	4
7	中国社会科学院	3
7	华东政法大学	3
7	中山大学	3
7	华南师范大学	3
7	南京大学	3
7	山东大学	3
8	清华大学	2
8	重庆大学	2
8	湖南大学	2
8	华东理工大学	2
8	中国政法大学	2
8	苏州大学	2
8	上海师范大学	2
8	辽宁大学	2
8	北京联合大学	2
8	中央财经大学	2
8	西北政法大学	2
8	广东金融学院	2
8	广东财经大学（原广东商学院）	2
8	东莞理工学院	2

续表

排名	机构	入选人数
8	南通大学	2
9	暨南大学	1
9	南京农业大学	1
9	华南理工大学	1
9	西安交通大学	1
9	上海财经大学	1
9	中南大学	1
9	南京师范大学	1
9	南京审计学院	1
9	最高人民法院	1
9	东北财经大学	1
9	上海市劳动人事争议仲裁院	1
9	华中科技大学	1
9	天津农学院	1
9	对外经济贸易大学	1
9	安徽大学	1
9	华中师范大学	1
9	华南农业大学	1
9	山西大学	1
9	北京交通大学	1
9	浙江财经大学	1
9	贵州财经学院	1
9	江苏警官学院	1
9	上海市第一中级人民法院	1
9	武汉科技大学	1
9	江西财经大学	1
9	西北工业大学	1
9	九江学院	1
9	华东师范大学	1
9	西北大学	1
9	淮阴师范学院	1

续表

排名	机构	入选人数
9	中央民族大学	1
9	烟台大学	1
9	南京信息工程大学	1
9	首都师范大学	1
9	中国疾病预防控制中心	1
9	南方医科大学	1
9	甘肃政法大学（原甘肃政法学院）	1
9	河北大学	1
9	中国青年政治学院	1
9	北方工业大学	1
9	河南农业大学	1
9	中南财经政法大学	1
9	中国矿业大学	1
9	江苏大学	1
9	兰州理工大学	1
9	河北政法职业学院	1
9	南京理工大学	1
9	中国人民解放军南京政治学院	1
9	中华女子学院	1
9	成都理工大学	1
9	浙江工业大学	1
9	浙江省总工会干部学校	1
9	苏州科技大学	1
9	南昌大学	1
9	上海大学	1
9	北京市朝阳区人民法院	1
9	黑龙江大学	1
9	中国劳动和社会保障科学研究院劳动工资研究所（原中国劳动科学研究院劳动工资研究所）	1
9	上海杉达学院	1
9	北京物资学院	1

5.3.4 劳动关系学学科学者影响力排行榜及其机构排名

依据以上数据计算结果，计算得出劳动关系学学科学者影响力排行基础数据，见表 5-11 ~ 表 5-13。

表 5-11 劳动关系学学科影响力前 200 名学者排名基础数据

排名	学者	机构	核心期刊（普）	顶刊	下载量/次	引用量/次	H 值	AR 值
1	蔡昉	中国社会科学院	100	80	429 525	20 483	75	0. 050 106
2	姚先国	浙江大学	89	45	165 765	7 636	50	0. 013 904
3	王德文	中国社会科学院人口与劳动经济研究所	18	18	62 579	4 555	23	0. 035 502
4	李实	北京师范大学	38	48	208 534	5 151	39	0. 012 269
5	都阳	中国社会科学院人口与劳动经济研究所	19	17	68 697	3 099	26	0. 025 448
6	常凯	中国人民大学	29	4	63 707	2 640	27	0. 021 881
7	范剑勇	复旦大学	16	22	92 940	4 064	25	0. 008 19
8	赖德胜	北京师范大学	39	41	97 338	3 570	30	0. 002 103
9	张车伟	中国社会科学院人口与劳动经济研究所	30	28	73 217	3 647	26	0. 006 665
…	…	…	…	…	…	…	…	…
200	郭金兴	南开大学	16	1	10 021	213	10	0. 000 689

表 5-12 劳动关系学学科影响力前 200 名学者总分及排名

排名	学者	机构	综合得分
1	蔡昉	中国社会科学院	2 088. 523 12
2	姚先国	浙江大学	1 212. 079 58
3	王德文	中国社会科学院人口与劳动经济研究所	1 096. 485
4	李实	北京师范大学	1 087. 726 15
5	都阳	中国社会科学院人口与劳动经济研究所	989. 795 625
6	常凯	中国人民大学	937. 902 08
7	范剑勇	复旦大学	879. 823 938
8	赖德胜	北京师范大学	875. 575 886

续表

排名	学者	机构	综合得分
9	张车伟	中国社会科学院人口与劳动经济研究所	868.230 12
…	…	…	…
200	郭金兴	南开大学	600.646 289

表 5-13　劳动关系学学科影响力前 200 名学者机构排名

排名	机构	入选人数
1	中国人民大学	14
2	北京师范大学	13
3	中国劳动关系学院	12
4	中国社会科学院	9
5	南开大学	7
5	上海财经大学	7
6	北京大学	6
7	浙江大学	5
7	首都经济贸易大学	5
7	西南财经大学	5
8	华南师范大学	4
8	湖南大学	4
8	西安交通大学	4
8	厦门大学	4
9	复旦大学	3
9	暨南大学	3
9	重庆大学	3
9	华东政法大学	3
9	中山大学	3
9	东北财经大学	3
9	扬州大学	3
9	西南政法大学	3
10	华南理工大学	2
10	华南农业大学	2
10	中央财经大学	2
10	山东大学	2

续表

排名	机构	入选人数
10	深圳大学	2
10	武汉大学	2
10	天津农学院	2
10	清华大学	2
10	中南财经政法大学	2
10	山西财经大学	2
11	同济大学	1
11	河北大学	1
11	华侨大学	1
11	吉林大学	1
11	云南财经大学	1
11	浙江工商大学	1
11	南京农业大学	1
11	西北大学	1
11	中国青年政治学院	1
11	中南大学	1
11	上海交通大学	1
11	湖南商学院	1
11	燕山大学	1
11	湖北工业大学	1
11	南京审计学院	1
11	南京财经大学	1
11	大连理工大学	1
11	华中科技大学	1
11	浙江工业大学	1
11	福建师范大学	1
11	江西师范大学	1
11	中国海洋大学	1
11	上海社会科学院	1
11	国务院发展研究中心	1
11	中共上海市委党校（上海行政学院）	1
11	华中师范大学	1

续表

排名	机构	入选人数
11	淮安信息职业技术学院	1
11	中南民族大学	1
11	上海社会科学院社会学研究所	1
11	中国农业大学	1
11	太原理工大学	1
11	信阳师范学院	1
11	南京工业大学	1
11	北京联合大学	1
11	上海市劳动人事争议仲裁院	1
11	安徽大学	1
11	对外经济贸易大学	1
11	成都信息工程学院	1
11	香港科技大学	1
11	贵州财经学院	1
11	东北师范大学	1
11	辽宁大学	1
11	北京交通大学	1
11	西北工业大学	1
11	北京科技大学	1
11	中国矿业大学	1
11	九江学院	1
11	中国劳动和社会保障科学研究院	1
11	南昌大学	1
11	江西财经大学	1
11	西北政法大学	1
11	广西大学	1
11	武汉科技大学	1
11	中国人事科学研究院	1
11	华东师范大学	1
11	河南科技学院	1
11	河北师范大学	1

5.3.5 劳动管理学学科学者影响力排行榜及其机构排名

依据以上数据计算结果，计算得出劳动管理学学科学者影响力排行基础数据，见表5-14～表5-16。

表5-14 劳动管理学学科影响力前200名学者排名基础数据

排名	学者	机构	核心期刊（普）	顶刊	下载量/次	引用量/次	H值	AR值
1	蔡昉	中国社会科学院	100	80	429 525	20 483	75	0.044 044
2	姚先国	浙江大学	89	45	165 765	7 636	50	0.011 742
3	王德文	中国社会科学院人口与劳动经济研究所	18	18	62 579	4 555	23	0.031 179
4	李实	北京师范大学	38	48	208 534	5 151	39	0.009 037
5	常凯	中国人民大学	29	4	63 707	2 640	27	0.027 452
6	都阳	中国社会科学院人口与劳动经济研究所	19	17	68 697	3 099	26	0.022 366
7	范剑勇	复旦大学	16	22	92 940	4 064	25	0.015 979
8	赖德胜	北京师范大学	39	41	97 338	3 570	30	0.001 8
9	程名望	同济大学	46	46	177 299	3 536	20	0.000 979
…	…	…	…	…	…	…	…	…
200	王文龙	兰州大学	22	3	12 110	228	9	0.001 185

表5-15 劳动管理学学科影响力前200名学者总分及排名

排名	学者	机构	综合得分
1	蔡昉	中国社会科学院	2 210.351 06
2	姚先国	浙江大学	1 259.540 2
3	王德文	中国社会科学院人口与劳动经济研究所	1 133.123 94
4	李实	北京师范大学	1 112.610 82
5	常凯	中国人民大学	1 046.208 66
6	都阳	中国社会科学院人口与劳动经济研究所	1 019.633 04
7	范剑勇	复旦大学	993.919 687
8	赖德胜	北京师范大学	901.826 141

续表

排名	学者	机构	综合得分
9	程名望	同济大学	893. 838 715
…	…	…	…
200	王文龙	兰州大学	613. 142 118

表 5-16　劳动管理学学科影响力前 200 名学者机构排名

排名	机构	入选人数
1	中国人民大学	14
2	北京师范大学	13
3	中国社会科学院	12
4	南开大学	8
5	中国劳动关系学院	7
6	北京大学	6
7	浙江大学	5
7	首都经济贸易大学	5
7	西南财经大学	5
8	复旦大学	4
8	暨南大学	4
8	华南师范大学	4
8	中山大学	4
8	西安交通大学	4
8	东北财经大学	4
8	中南财经政法大学	4
8	武汉大学	4
9	重庆大学	3
9	上海财经大学	3
9	厦门大学	3
9	南京审计大学（原南京审计学院）	3
9	对外经济贸易大学	3
10	浙江工商大学	2
10	华东政法大学	2
10	华南理工大学	2

续表

排名	机构	入选人数
10	西北大学	2
10	华南农业大学	2
10	上海社会科学院	2
10	中央财经大学	2
10	湖南大学	2
10	深圳大学	2
10	扬州大学	2
10	华东理工大学	2
10	西南政法大学	2
10	华中科技大学	2
10	天津农学院	2
10	辽宁大学	2
10	山西财经大学	2
10	北京交通大学	2
11	同济大学	1
11	河北大学	1
11	华侨大学	1
11	吉林大学	1
11	云南财经大学	1
11	南京农业大学	1
11	中央团校（中国青年政治学院）	1
11	浙江理工大学	1
11	中南大学	1
11	上海交通大学	1
11	湖南工商大学（原湖南商学院）	1
11	燕山大学	1
11	南京大学	1
11	南京财经大学	1
11	湖北工业大学	1
11	大连理工大学	1
11	云南民族大学	1
11	江西师范大学	1

续表

排名	机构	入选人数
11	浙江工业大学	1
11	中国海洋大学	1
11	清华大学	1
11	安徽科技学院	1
11	国务院发展研究中心	1
11	苏州大学	1
11	华中师范大学	1
11	上海市劳动人事争议仲裁院	1
11	中共上海市委党校（上海行政学院）	1
11	中南民族大学	1
11	中国农业大学	1
11	上海对外经贸大学（原上海对外贸易学院）	1
11	太原理工大学	1
11	浙江财经大学	1
11	云南师范大学	1
11	安阳师范学院	1
11	北京联合大学	1
11	安徽大学	1
11	香港科技大学	1
11	华北电力大学	1
11	东北师范大学	1
11	贵州财经大学（原贵州财经学院）	1
11	黑龙江大学	1
11	成都信息工程学院	1
11	山东大学	1
11	兰州大学	1

5.3.6 职业培训学学科学者影响力排行榜及其机构排名

依据以上数据计算结果，计算得出职业培训学学科学者影响力排行基础数据，见表 5-17 ~ 表 5-19。

表 5-17　职业培训学学科影响力前 200 名学者排名基础数据

排名	学者	机构	核心期刊（普）	顶刊	下载量/次	引用量/次	H 值	AR 值
1	蔡昉	中国社会科学院	100	80	429 525	20 483	75	0. 040 756
2	姚先国	浙江大学	89	45	165 765	7 636	50	0. 011 836
3	王德文	中国社会科学院人口与劳动经济研究所	18	18	62 579	4 555	23	0. 032 998
4	李实	北京师范大学	38	48	208 534	5 151	39	0. 009 592
5	常凯	中国人民大学	29	4	63 707	2 640	27	0. 029 249
6	都阳	中国社会科学院人口与劳动经济研究所	19	17	68 697	3 099	26	0. 020 327
7	赖德胜	北京师范大学	39	41	97 338	3 570	30	0. 002 084
8	范剑勇	复旦大学	16	22	92 940	4 064	25	0. 006 753
9	张车伟	中国社会科学院人口与劳动经济研究所	30	28	73 217	3 647	26	0. 006 412
…	…	…	…	…	…	…	…	…
200	廖泉文	厦门大学	19	0	11 601	417	9	0. 000 236

表 5-18　职业培训学学科影响力前 200 名学者总分及排名

排名	学者	机构	综合得分
1	蔡昉	中国社会科学院	2 003. 005 44
2	姚先国	浙江大学	1 186. 782 95
3	王德文	中国社会科学院人口与劳动经济研究所	1 088. 744 6
4	李实	北京师范大学	1 058. 257 22
5	常凯	中国人民大学	1 012. 222 02
6	都阳	中国社会科学院人口与劳动经济研究所	952. 988 208
7	赖德胜	北京师范大学	867. 595 331
8	范剑勇	复旦大学	864. 341 716
9	张车伟	中国社会科学院人口与劳动经济研究所	862. 467 98
…	…	…	…
200	廖泉文	厦门大学	597. 870 401

表 5-19　职业培训学学科影响力前 200 名学者机构排名

排名	机构	入选人数
1	中国人民大学	15
2	北京师范大学	13
3	中国社会科学院	10
4	西南财经大学	9
5	浙江大学	6
5	北京大学	6
5	厦门大学	6
5	中国劳动关系学院	6
6	南开大学	5
6	上海财经大学	5
7	吉林大学	4
7	华南师范大学	4
7	东北财经大学	4
7	中山大学	4
8	复旦大学	3
8	重庆大学	3
8	湖南大学	3
8	武汉大学	3
8	中南财经政法大学	3
8	首都经济贸易大学	3
9	华南农业大学	2
9	中央财经大学	2
9	西安交通大学	2
9	深圳大学	2
9	南京大学	2
9	南京财经大学	2
9	天津农学院	2
9	华中师范大学	2
9	苏州大学	2
9	对外经济贸易大学	2
9	黑龙江大学	2

续表

排名	机构	入选人数
9	中国矿业大学	2
10	同济大学	1
10	河北大学	1
10	华侨大学	1
10	云南财经大学	1
10	浙江工商大学	1
10	华东政法大学	1
10	上海社会科学院	1
10	暨南大学	1
10	南京农业大学	1
10	中央团校（中国青年政治学院）	1
10	中南大学	1
10	上海交通大学	1
10	燕山大学	1
10	山东大学	1
10	湖南工商大学（原湖南商学院）	1
10	最高人民法院	1
10	上海市劳动人事争议仲裁院	1
10	南京审计大学（原南京审计学院）	1
10	华东理工大学	1
10	大连理工大学	1
10	云南民族大学	1
10	江西师范大学	1
10	西南政法大学	1
10	安徽大学	1
10	浙江工业大学	1
10	中国政法大学	1
10	安徽科技学院	1
10	江苏电子信息职业学院（原淮安信息职业技术学院）	1
10	南京工业大学	1
10	上海师范大学	1
10	山西大学	1

续表

排名	机构	入选人数
10	云南师范大学	1
10	中国农业大学	1
10	太原理工大学	1
10	中南民族大学	1
10	上海社会科学院社会学研究所	1
10	北京化工大学	1
10	江苏警官学院	1
10	北京联合大学	1
10	贵州财经大学（原贵州财经学院）	1
10	山西财经大学	1
10	清华大学	1
10	东北师范大学	1
10	兰州大学	1
10	浙江财经大学	1
10	华南理工大学	1
10	西北工业大学	1
10	九江学院	1
10	武汉科技大学	1
10	上海市第一中级人民法院	1
10	西北大学	1
10	三峡大学	1
10	广西大学	1
10	西北政法大学	1
10	中国人事科学研究院	1
10	华中科技大学	1
10	华东师范大学	1
10	河南科技学院	1
10	江苏大学	1
10	内蒙古财经大学	1
10	烟台大学	1

5.3.7 劳动社会学学科学者影响力排行榜及其机构排名

依据以上数据计算结果，计算得出劳动社会学学科学者影响力排行基础数据，见表5-20～表5-22。

表5-20 劳动社会学学科影响力前200名学者排名基础数据

排名	学者	机构	核心期刊（普）	顶刊	下载量/次	引用量/次	H值	AR值
1	蔡昉	中国社会科学院	100	80	429 525	20 483	75	0.039 522
2	姚先国	浙江大学	89	45	165 765	7 636	50	0.009 326
3	王德文	中国社会科学院人口与劳动经济研究所	18	18	62 579	4 555	23	0.027 475
4	李实	北京师范大学	38	48	208 534	5 151	39	0.007 5
5	都阳	中国社会科学院人口与劳动经济研究所	19	17	68 697	3 099	26	0.019 669
6	常凯	中国人民大学	29	4	63 707	2 640	27	0.019 439
7	范剑勇	复旦大学	16	22	92 940	4 064	25	0.011 769
8	赖德胜	北京师范大学	39	41	97 338	3 570	30	0.001 523
9	程名望	同济大学	46	46	177 299	3 536	20	0.000 839
…	…	…	…	…	…	…	…	…
200	房国忠	东北师范大学	24	2	16 313	682	9	0.000 118

表5-21 劳动社会学学科影响力前200名学者总分及排名

排名	学者	机构	综合得分
1	蔡昉	中国社会科学院	2 545.384 92
2	姚先国	浙江大学	1 373.236 85
3	王德文	中国社会科学院人口与劳动经济研究所	1 267.687 96
4	李实	北京师范大学	1 209.966 97
5	都阳	中国社会科学院人口与劳动经济研究所	1 123.356 34
6	常凯	中国人民大学	1 090.675
7	范剑勇	复旦大学	1 055.705 87
8	赖德胜	北京师范大学	963.377 802

续表

排名	学者	机构	综合得分
9	程名望	同济大学	957.053 152
…	…	…	…
200	房国忠	东北师范大学	633.796 547

表 5-22　劳动社会学学科影响力前 200 名学者机构排名

排名	机构	入选人数
1	中国人民大学	15
2	北京师范大学	13
3	中国社会科学院	12
4	南开大学	8
4	中国劳动关系学院	8
5	浙江大学	6
5	北京大学	6
6	复旦大学	5
6	上海财经大学	5
6	西南财经大学	5
7	暨南大学	4
7	西安交通大学	4
7	武汉大学	4
8	浙江工商大学	3
8	重庆大学	3
8	首都经济贸易大学	3
8	华南师范大学	3
8	上海社会科学院	3
8	中山大学	3
8	湖南大学	3
8	厦门大学	3
8	东北财经大学	3
8	西南政法大学	3
8	对外经济贸易大学	3
9	华东政法大学	2

续表

排名	机构	入选人数
9	西北大学	2
9	华南农业大学	2
9	深圳大学	2
9	南京财经大学	2
9	南京审计大学（原南京审计学院）	2
9	华东理工大学	2
9	天津农学院	2
9	中南财经政法大学	2
10	同济大学	1
10	河北大学	1
10	华侨大学	1
10	吉林大学	1
10	云南财经大学	1
10	南京农业大学	1
10	华南理工大学	1
10	中央团校（中国青年政治学院）	1
10	浙江理工大学	1
10	中央财经大学	1
10	中南大学	1
10	山东大学	1
10	上海交通大学	1
10	湖南工商大学（原湖南商学院）	1
10	燕山大学	1
10	扬州大学	1
10	南京大学	1
10	湖北工业大学	1
10	云南民族大学	1
10	大连理工大学	1
10	华中科技大学	1
10	浙江工业大学	1
10	福建师范大学	1

续表

排名	机构	入选人数
10	江西师范大学	1
10	清华大学	1
10	中国海洋大学	1
10	安徽科技学院	1
10	国务院发展研究中心	1
10	苏州大学	1
10	华中师范大学	1
10	中共上海市委党校（上海行政学院）	1
10	辽宁大学	1
10	中国农业大学	1
10	中南民族大学	1
10	上海对外经贸大学（原上海对外贸易学院）	1
10	上海社会科学院社会学研究所	1
10	上海市劳动人事争议仲裁院	1
10	江苏电子信息职业学院（原淮安信息职业技术学院）	1
10	上海师范大学	1
10	太原理工大学	1
10	信阳师范学院	1
10	山西大学	1
10	山西财经大学	1
10	浙江财经大学	1
10	南京工业大学	1
10	安阳师范学院	1
10	北京交通大学	1
10	安徽大学	1
10	云南师范大学	1
10	北京联合大学	1
10	香港科技大学	1
10	西南大学	1
10	华北电力大学	1
10	东北师范大学	1

5.3.8 劳动安全卫生学学科学者影响力排行榜及其机构排名

依据以上数据计算结果，计算得出劳动安全卫生学学科学者影响力排行基础数据，见表5-23～表5-25。

表5-23 劳动安全卫生学学科影响力前200名学者排名基础数据

排名	学者	机构	核心期刊（普）	顶刊	下载量/次	引用量/次	H值	AR值
1	罗楚亮	北京师范大学	26	26	98 134	2 968	20	0.033 374
2	常凯	中国人民大学	29	4	63 707	2 640	27	0.009 909
3	肖云	重庆大学	61	5	46 453	1 458	27	0.003 413
4	黄乾	南开大学	33	9	34 838	1 740	24	0.003 413
5	王春超	暨南大学	37	14	74 131	1 367	20	0.003 413
6	周申	南开大学	49	8	35 264	929	15	0.005 936
7	蔡宏波	北京师范大学	57	16	59 045	813	14	0.000 89
8	张川川	中央财经大学	7	14	81 052	935	14	0.001 548
9	蒋冠宏	厦门大学	7	7	43 421	830	12	0.008 08
…	…	…	…	…	…	…	…	…
200	艾素梅	新疆医科大学第五附属医院	0	1	213	11	1	0.000 512

表5-24 劳动安全卫生学学科影响力前200名学者总分及排名

排名	学者	机构	综合得分
1	罗楚亮	北京师范大学	1 387.740 96
2	常凯	中国人民大学	1 072.075 88
3	肖云	重庆大学	926.844 641
4	黄乾	南开大学	915.135 265
5	王春超	暨南大学	911.567 11
6	周申	南开大学	837.717 713
7	蔡宏波	北京师范大学	817.113 235
8	张川川	中央财经大学	811.772 51
9	蒋冠宏	厦门大学	811.754 541
…	…	…	…

续表

排名	学者	机构	综合得分
200	艾素梅	新疆医科大学第五附属医院	554. 901 993

表 5-25　劳动安全卫生学学科影响力前 200 名学者机构排名

排名	机构	入选人数
1	中国疾病预防控制中心	11
2	华中科技大学	10
3	西南财经大学	6
3	复旦大学	6
4	南开大学	5
4	新疆医科大学	5
5	中国劳动关系学院	4
5	北京大学	4
5	首都经济贸易大学	4
6	东北财经大学	3
6	中国社会科学院	3
6	山西医科大学	3
6	浙江大学	3
6	中国安全生产科学研究院	3
7	北京师范大学	2
7	中国人民大学	2
7	中央财经大学	2
7	厦门大学	2
7	西安交通大学	2
7	中山大学	2
7	北京大学第三医院	2
7	武汉大学	2
7	江西财经大学	2
7	中国矿业大学	2
7	郑州大学	2
7	安徽财经大学	2
7	河南省职业病防治研究院	2
7	武汉科技大学	2

续表

排名	机构	入选人数
7	华东师范大学	2
7	江汉大学	2
7	昆山市疾病预防控制中心	2
7	江苏省疾病预防控制中心	2
7	河北大学	2
7	山东省职业卫生与职业病防治研究院	2
7	甘肃省疾病预防控制中心	2
7	广州市职业病防治院	2
7	安徽医科大学	2
7	南通市疾病预防控制中心	2
7	中国石油化工股份有限公司青岛安全工程研究院	2
8	重庆大学	1
8	暨南大学	1
8	华南农业大学	1
8	湖南大学	1
8	大连理工大学	1
8	云南民族大学	1
8	天津农学院	1
8	对外经济贸易大学	1
8	北京化工大学	1
8	南京财经大学	1
8	清华大学	1
8	贵州财经大学（原贵州财经学院）	1
8	太原理工大学	1
8	华北电力大学	1
8	上海财经大学	1
8	北京石油化工学院	1
8	上海对外经贸大学	1
8	西南政法大学	1
8	华东政法大学	1
8	南京航空航天大学	1
8	天津科技大学	1

续表

排名	机构	入选人数
8	安徽大学	1
8	兰州大学	1
8	山东财经大学	1
8	江南大学	1
8	四川大学	1
8	安徽师范大学	1
8	南方医科大学	1
8	中国人民银行	1
8	电子科技大学	1
8	西安建筑科技大学	1
8	广西科技大学（原广西工学院）	1
8	上海工程技术大学	1
8	温州大学	1
8	绍兴职业技术学院	1
8	广东省职业病防治院（广东中毒急救中心）	1
8	南京邮电大学	1
8	重庆师范大学	1
8	海南大学	1
8	中国医学科学院（北京协和医学院）	1
8	滨州医学院	1
8	贵州大学	1
8	浙江省疾病预防控制中心	1
8	贵州医科大学（原贵阳医学院）	1
8	湖北汽车工业学院	1
8	中国铁路太原局集团有限公司	1
8	中国社会保障学会	1
8	广西壮族自治区职业病防治研究院	1
8	湖北工业大学	1
8	江西理工大学	1
8	东北师范大学	1
8	华北煤炭医学院	1
8	上海社会科学院城市与人口发展研究所	1

续表

排名	机构	入选人数
8	宝山区疾病预防控制中心	1
8	济宁医学院	1
8	本溪钢铁（集团）有限责任公司	1
8	苏州大学	1
8	吉林大学第一医院	1
8	吉林大学中日联谊医院	1
8	宁夏医科大学	1
8	河南科技大学	1
8	深圳市康宁医院	1
8	福州市疾病预防控制中心	1
8	苏州市疾病预防控制中心	1
8	中国地质大学（武汉）	1
8	四川师范大学	1
8	浙江省医学科学院卫生学研究所	1
8	浦东新区卫生健康委监督所	1
8	中南大学	1
8	广州体育学院	1
8	广东药科大学（原广东药学院）	1
8	青海省疾病预防控制中心职业与公共卫生所	1
8	青海大学	1
8	河南理工大学	1
8	贵州省应急管理科学研究院（原贵州省劳动保护科学技术研究院）	1
8	国家卫生健康委职业安全卫生研究中心（原国家安全生产监督管理总局职业安全卫生研究中心）	1
8	华北理工大学（原河北联合大学）	1
8	温州医科大学（原温州医学院）	1
8	宁波市疾病预防控制中心	1
8	新疆医科大学第五附属医院	1

5.3.9 劳动计量学学科学者影响力排行榜及其机构排名

依据以上数据计算结果，计算得出劳动计量学学科学者影响力排行基础数据，见表 5-26 ~ 表 5-28。

表 5-26　劳动计量学学科影响力前 200 名学者排名基础数据

排名	学者	机构	核心期刊（普）	顶刊	下载量/次	引用量/次	H 值	AR 值
1	蔡昉	中国社会科学院	100	80	429 525	20 483	75	0. 064 141
2	姚先国	浙江大学	89	45	165 765	7 636	50	0. 016 398
3	王德文	中国社会科学院人口与劳动经济研究所	18	18	62 579	4 555	23	0. 046 323
4	李实	北京师范大学	38	48	208 534	5 151	39	0. 011 173
5	都阳	中国社会科学院人口与劳动经济研究所	19	17	68 697	3 099	26	0. 032 103
6	范剑勇	复旦大学	16	22	92 940	4 064	25	0. 024 555
7	赖德胜	北京师范大学	39	41	97 338	3 570	30	0. 001 679
8	程名望	同济大学	46	46	177 299	3 536	20	0. 001 825
9	张车伟	中国社会科学院人口与劳动经济研究所	30	28	73 217	3 647	26	0. 006 947
…	…	…	…	…	…	…	…	…
200	刘帆	中国青年政治学院	13	0	8 424	444	7	0. 000 629

表 5-27　劳动计量学学科影响力前 200 名学者总分及排名

排名	学者	机构	综合得分
1	蔡昉	中国社会科学院	1 827. 754 75
2	姚先国	浙江大学	1 097. 617 36
3	王德文	中国社会科学院人口与劳动经济研究所	1 000. 515 88
4	李实	北京师范大学	975. 136 258
5	都阳	中国社会科学院人口与劳动经济研究所	908. 334 213
6	范剑勇	复旦大学	896. 602 321
7	赖德胜	北京师范大学	817. 575 115
8	程名望	同济大学	815. 959 779
9	张车伟	中国社会科学院人口与劳动经济研究所	805. 779 466
…	…	…	…
200	刘帆	中国青年政治学院	578. 896 851

表 5-28 劳动计量学学科影响力前 200 名学者机构排名

排名	机构	入选人数
1	北京师范大学	12
2	中国人民大学	11
2	南开大学	11
3	中国社会科学院	10
4	西南财经大学	8
5	中国劳动关系学院	7
6	厦门大学	6
7	暨南大学	5
7	北京大学	5
8	浙江大学	4
8	复旦大学	4
8	首都经济贸易大学	4
8	华南师范大学	4
8	武汉大学	4
9	浙江工商大学	3
9	重庆大学	3
9	上海财经大学	3
9	上海社会科学院	3
9	中山大学	3
9	深圳大学	3
9	扬州大学	3
9	东北财经大学	3
9	南京审计学院	3
9	南京财经大学	3
9	清华大学	3
10	南京农业大学	2
10	华东政法大学	2
10	湖南大学	2
10	西安交通大学	2

续表

排名	机构	入选人数
10	华东理工大学	2
10	西南政法大学	2
10	辽宁大学	2
10	西南大学	2
10	中国农业大学	2
10	中南财经政法大学	2
10	山西财经大学	2
11	同济大学	1
11	河北大学	1
11	华侨大学	1
11	吉林大学	1
11	华南理工大学	1
11	西北大学	1
11	中央财经大学	1
11	中南大学	1
11	上海交通大学	1
11	湖南工商大学（原湖南商学院）	1
11	燕山大学	1
11	大连理工大学	1
11	华中科技大学	1
11	天津农学院	1
11	江西师范大学	1
11	浙江工业大学	1
11	中国海洋大学	1
11	华南农业大学	1
11	安徽科技学院	1
11	太原理工大学	1
11	中南民族大学	1
11	上海对外经贸大学（原上海对外贸易学院）	1

续表

排名	机构	入选人数
11	北京联合大学	1
11	信阳师范学院	1
11	安徽大学	1
11	贵州财经大学（原贵州财经学院）	1
11	对外经济贸易大学	1
11	黑龙江大学	1
11	成都信息工程学院	1
11	东北师范大学	1
11	山东大学	1
11	中共上海市委党校（上海行政学院）	1
11	中国矿业大学	1
11	曲阜师范大学	1
11	华东师范大学	1
11	国网能源研究院有限公司（原国网能源研究院）	1
11	江苏科技大学	1
11	天津财经大学	1
11	烟台大学	1
11	重庆三峡学院	1
11	南京工程学院	1
11	山西大学	1
11	江西财经大学	1
11	陕西师范大学	1
11	北京服装学院	1
11	广东技术师范大学（广东技术师范学院）	1
11	南京邮电大学	1
11	温州大学	1
11	河南农业大学	1
11	中央团校（中国青年政治学院）	1

5.3.10 劳动统计学学科学者影响力排行榜及其机构排名

依据以上数据计算结果，计算得出劳动统计学学科学者影响力排行基础数据，见表 5-29 ~ 表 5-31。

表 5-29 劳动统计学学科影响力前 200 名学者排名基础数据

排名	学者	机构	核心期刊（普）	顶刊	下载量/次	引用量/次	H 值	AR 值
1	蔡昉	中国社会科学院	100	80	429 525	20 483	75	0. 069 087
2	姚先国	浙江大学	89	45	165 765	7 636	50	0. 014 321
3	王德文	中国社会科学院人口与劳动经济研究所	18	18	62 579	4 555	23	0. 053 712
4	李实	北京师范大学	38	48	208 534	5 151	39	0. 011 483
5	都阳	中国社会科学院人口与劳动经济研究所	19	17	68 697	3 099	26	0. 032 906
6	赖德胜	北京师范大学	39	41	97 338	3 570	30	0. 002 431
7	程名望	同济大学	46	46	177 299	3 536	20	0. 002 057
8	张车伟	中国社会科学院人口与劳动经济研究所	30	28	73 217	3 647	26	0. 008 805
9	王金营	河北大学	48	35	90 829	2 700	29	0. 003 633
…	…	…	…	…	…	…	…	…
200	漆向东	信阳师范学院	19	0	4 141	113	6	0. 002 188

表 5-30 劳动统计学学科影响力前 200 名学者总分及排名

排名	学者	机构	综合得分
1	蔡昉	中国社会科学院	1 893. 325 47
2	姚先国	浙江大学	1 106. 269 73
3	王德文	中国社会科学院人口与劳动经济研究所	1 052. 674 27
4	李实	北京师范大学	992. 758 867
5	都阳	中国社会科学院人口与劳动经济研究所	923. 999 859
6	赖德胜	北京师范大学	833. 577 842
7	程名望	同济大学	829. 459 296
8	张车伟	中国社会科学院人口与劳动经济研究所	827. 017 299

续表

排名	学者	机构	综合得分
9	王金营	河北大学	812.832 719
…	…	…	…
200	漆向东	信阳师范学院	583.003 363

表 5-31　劳动统计学学科影响力前 200 名学者机构排名

排名	机构	入选人数
1	北京师范大学	11
2	西南财经大学	10
3	中国人民大学	9
3	首都经济贸易大学	9
4	中国社会科学院	7
4	北京大学	7
5	南开大学	6
5	上海财经大学	6
5	中国劳动关系学院	6
6	华南师范大学	5
7	浙江大学	4
7	厦门大学	4
8	浙江工商大学	3
8	重庆大学	3
8	暨南大学	3
8	上海社会科学院	3
8	西安交通大学	3
8	东北财经大学	3
8	武汉大学	3
8	江西财经大学	3
9	华侨大学	2
9	吉林大学	2
9	南京农业大学	2
9	华南理工大学	2
9	中央团校（中国青年政治学院）	2
9	中央财经大学	2

续表

排名	机构	入选人数
9	西北大学	2
9	中山大学	2
9	天津农学院	2
9	西南大学	2
9	山西财经大学	2
9	黑龙江大学	2
10	同济大学	1
10	河北大学	1
10	云南财经大学	1
10	中南大学	1
10	华南农业大学	1
10	湖南大学	1
10	燕山大学	1
10	上海交通大学	1
10	深圳大学	1
10	南京审计大学（原南京审计学院）	1
10	南京财经大学	1
10	湖北工业大学	1
10	云南民族大学	1
10	西南政法大学	1
10	福建师范大学	1
10	浙江工业大学	1
10	中国海洋大学	1
10	安徽科技学院	1
10	华中师范大学	1
10	辽宁大学	1
10	山西大学	1
10	中南民族大学	1
10	云南师范大学	1
10	太原理工大学	1
10	安阳师范学院	1
10	安徽大学	1

续表

排名	机构	入选人数
10	北京联合大学	1
10	北京交通大学	1
10	华东师范大学	1
10	对外经济贸易大学	1
10	成都信息工程学院	1
10	中南财经政法大学	1
10	香港科技大学	1
10	清华大学	1
10	兰州大学	1
10	山东大学	1
10	中国矿业大学	1
10	北京科技大学	1
10	南昌大学	1
10	广西大学	1
10	贵州财经大学	1
10	武汉科技大学	1
10	河南科技学院	1
10	曲阜师范大学	1
10	天津财经大学	1
10	人力资源和社会保障部农村社会保险司	1
10	中国科学院	1
10	中共上海市委党校（上海行政学院）	1
10	河北师范大学	1
10	内蒙古财经大学	1
10	华中科技大学	1
10	江苏科技大学	1
10	中国农业大学	1
10	北京第二外国语学院	1
10	河北经贸大学	1
10	南京工程学院	1
10	华东交通大学	1
10	长江师范学院	1

续表

排名	机构	入选人数
10	广东技术师范大学（广东技术师范学院）	1
10	安徽财经大学	1
10	东莞理工学院	1
10	北京服装学院	1
10	南京邮电大学	1
10	海南大学	1
10	天津理工大学	1
10	西南民族大学	1
10	广东药科大学（原广东药学院）	1
10	信阳师范学院	1

5.3.11 劳动与社会保障学学科学者影响力排行榜及其机构排名

依据以上数据计算结果，计算得出劳动与社会保障学学科学者影响力排行基础数据，见表 5-32 ~ 表 5-34。

表 5-32 劳动与社会保障学学科影响力前 200 名学者排名基础数据

排名	学者	机构	核心期刊（普）	顶刊	下载量/次	引用量/次	H 值	AR 值
1	蔡昉	中国社会科学院	100	80	429 525	20 483	75	0. 047 815
2	姚先国	浙江大学	89	45	165 765	7 636	50	0. 013 372
3	王德文	中国社会科学院人口与劳动经济研究所	18	18	62 579	4 555	23	0. 038 114
4	李实	北京师范大学	38	48	208 534	5 151	39	0. 011 886
5	常凯	中国人民大学	29	4	63 707	2 640	27	0. 022 642
6	张车伟	中国社会科学院人口与劳动经济研究所	30	28	73 217	3 647	26	0. 008 419
7	赖德胜	北京师范大学	39	41	97 338	3 570	30	0. 001 708
8	程名望	同济大学	46	46	177 299	3 536	20	0. 000 853

续表

排名	学者	机构	核心期刊（普）	顶刊	下载量/次	引用量/次	H值	AR值
9	王金营	河北大学	48	35	90 829	2 700	29	0.002 577
…	…	…	…	…	…	…	…	…
200	李锐	中南财经政法大学	18	4	10 941	170	8	0.000 368

表 5-33　劳动与社会保障学学科影响力前 200 名学者总分及排名

排名	学者	机构	综合得分
1	蔡昉	中国社会科学院	1 989.762 22
2	姚先国	浙江大学	1 173.304 31
3	王德文	中国社会科学院人口与劳动经济研究所	1 090.499 33
4	李实	北京师范大学	1 055.616 5
5	常凯	中国人民大学	924.752 996
6	张车伟	中国社会科学院人口与劳动经济研究所	864.784 29
7	赖德胜	北京师范大学	854.142 694
8	程名望	同济大学	847.211 998
9	王金营	河北大学	831.508 333
…	…	…	…
200	李锐	中南财经政法大学	591.449 385

表 5-34　劳动与社会保障学学科影响力前 200 名学者机构排名

排名	机构	入选人数
1	中国人民大学	14
2	北京师范大学	10
2	中国劳动关系学院	10
3	中国社会科学院	9
3	西南财经大学	9
4	南开大学	8
5	首都经济贸易大学	7
6	武汉大学	6
7	浙江大学	5
7	上海财经大学	5

续表

排名	机构	入选人数
7	厦门大学	5
8	吉林大学	4
8	北京大学	4
8	西安交通大学	4
8	华南师范大学	4
9	浙江工商大学	3
9	重庆大学	3
9	深圳大学	3
9	中南财经政法大学	3
10	华东政法大学	2
10	华南理工大学	2
10	中央财经大学	2
10	华南农业大学	2
10	中山大学	2
10	东北财经大学	2
10	上海社会科学院	2
10	南京财经大学	2
10	西南政法大学	2
10	华中科技大学	2
10	天津农学院	2
10	安徽大学	2
10	华东师范大学	2
10	山东大学	2
10	江西财经大学	2
11	同济大学	1
11	河北大学	1
11	华侨大学	1
11	云南财经大学	1
11	清华大学	1
11	南京农业大学	1
11	西北大学	1
11	中央团校（中国青年政治学院）	1

续表

排名	机构	入选人数
11	中南大学	1
11	湖南大学	1
11	南京师范大学	1
11	湖北工业大学	1
11	最高人民法院	1
11	燕山大学	1
11	南京审计大学（原南京审计学院）	1
11	上海市劳动人事争议仲裁院	1
11	上海师范大学	1
11	南京大学	1
11	浙江工业大学	1
11	辽宁大学	1
11	福建师范大学	1
11	华中师范大学	1
11	中国海洋大学	1
11	中国政法大学	1
11	安徽科技学院	1
11	苏州大学	1
11	山西大学	1
11	上海社会科学院社会学研究所	1
11	对外经济贸易大学	1
11	太原理工大学	1
11	安阳师范学院	1
11	信阳师范学院	1
11	扬州大学	1
11	成都信息工程学院	1
11	北京联合大学	1
11	北京交通大学	1
11	兰州大学	1
11	华北电力大学	1
11	浙江财经大学	1
11	武汉科技大学	1

续表

排名	机构	入选人数
11	上海政法学院	1
11	南昌大学	1
11	九江学院	1
11	暨南大学	1
11	曲阜师范大学	1
11	中国科学院	1
11	天津财经大学	1
11	人力资源和社会保障部农村社会保险司	1
11	河北师范大学	1
11	黑龙江大学	1
11	中国农业大学	1
11	河北经贸大学	1
11	烟台大学	1
11	甘肃政法大学（原甘肃政法学院）	1

5.3.12 劳动+学科学者影响力排行榜及其机构排名

依据以上数据计算结果，综合形成劳动科学学科影响力前 200 名学者及其机构排名，见表 5-35 ~ 表 5-37。

表 5-35 劳动+学科影响力前 200 名学者排名基础数据

排名	学者	机构	核心期刊发文量（普通）	核心期刊发文量（顶刊）	核心期刊下载量/次	核心期刊引用量/次	H 值	AR 值
1	蔡昉	中国社会科学院	100	80	429 525	20 483	75	0. 063 311 84
2	姚先国	浙江大学	89	45	165 765	7 636	48	0. 015 369 3
3	李实	北京师范大学	38	48	208 534	5 151	38	0. 010 918 69
4	王德文	中国社会科学院	18	18	62 579	4 555	21	0. 037 428 88
5	都阳	中国社会科学院	19	17	68 697	3 099	24	0. 031 784 26
6	赖德胜	北京师范大学	39	41	97 338	3 570	28	0. 003 430 01
7	张车伟	中国社会科学院	30	28	73 217	3 647	25	0. 008 575 06

续表

排名	学者	机构	核心期刊发文量（普通）	核心期刊发文量（顶刊）	核心期刊下载量/次	核心期刊引用量/次	H值	AR值
8	高文书	中国社会科学院	23	5	30 935	1 455	13	0. 029 431 4
9	曾湘泉	中国人民大学	59	27	109 211	2 916	26	0. 003 371 18
…	…	…	…	…	…	…	…	…
200	单良	辽宁师范大学	4	3	5 802	79	6	0. 000 537 63

表 5-36　劳动+学科影响力前 200 名学者总分及排名

排名	学者	机构	综合得分
1	蔡昉	中国社会科学院	1 618. 948
2	姚先国	浙江大学	998. 487 6
3	李实	北京师范大学	904. 168 8
4	王德文	中国社会科学院	889. 862 5
5	都阳	中国社会科学院	851. 834 4
6	赖德胜	北京师范大学	774. 925 2
7	张车伟	中国社会科学院	767. 967 5
8	高文书	中国社会科学院	759. 819 9
9	曾湘泉	中国人民大学	755. 276 4
…	…	…	…
200	单良	辽宁师范大学	561. 849 7

表 5-37　劳动+学科影响力前 200 名学者机构排名

排名	机构	上榜人数
1	中国人民大学	13
1	中国劳动关系学院	13
2	中国社会科学院	8
3	北京师范大学	7
3	首都经济贸易大学	7
4	华南师范大学	6
5	南开大学	5
5	西南财经大学	5
6	浙江大学	4

续表

排名	机构	上榜人数
6	暨南大学	4
6	北京大学	4
7	中国劳动和社会保障科学研究院	3
7	东北财经大学	3
7	厦门大学	3
7	华东理工大学	3
7	中国疾病预防控制中心职业卫生与中毒控制所	3
8	吉林大学	2
8	浙江工商大学	2
8	重庆大学	2
8	华东政法大学	2
8	华南理工大学	2
8	湖南大学	2
8	中山大学	2
8	扬州大学	2
8	中南大学	2
8	南京审计大学（原南京审计学院）	2
8	安徽科技学院	2
8	华中师范大学	2
8	天津农学院	2
8	对外经济贸易大学	2
8	安徽大学	2
8	北京交通大学	2
8	中南财经政法大学	2
8	武汉科技大学	2
8	西北大学	2
9	河北大学	1
9	复旦大学	1
9	云南财经大学	1
9	同济大学	1
9	南京农业大学	1
9	中央团校（中国青年政治学院）	1

续表

排名	机构	上榜人数
9	浙江理工大学	1
9	上海社会科学院	1
9	南京师范大学	1
9	上海财经大学	1
9	最高人民法院	1
9	燕山大学	1
9	深圳大学	1
9	人力资源和社会保障部	1
9	福建师范大学	1
9	西南政法大学	1
9	中国政法大学	1
9	华南农业大学	1
9	中国海洋大学	1
9	安阳师范学院	1
9	江西师范大学	1
9	上海师范大学	1
9	上海市劳动人事争议仲裁院	1
9	太原理工大学	1
9	华北电力大学	1
9	山东大学	1
9	中国矿业大学	1
9	华东师范大学	1
9	清华大学	1
9	西北工业大学	1
9	山西财经大学	1
9	北京联合大学	1
9	上海市第一中级人民法院	1
9	国务院发展研究中心	1
9	中国人事科学研究院	1
9	河南科技学院	1
9	湖北工业大学	1
9	九江学院	1

续表

排名	机构	上榜人数
9	武汉大学	1
9	山东农业大学	1
9	上海政法学院	1
9	南昌大学	1
9	中共上海市委党校（上海行政学院）	1
9	广东外语外贸大学	1
9	四川大学华西医学中心	1
9	宁夏医科大学	1
9	云南师范大学	1
9	内蒙古工业大学	1
9	黑龙江大学	1
9	天津渤海化工集团有限责任公司劳动卫生研究所	1
9	西华师范大学	1
9	江苏科技大学	1
9	国家发展和改革委员会社会发展研究所	1
9	内蒙古财经学院	1
9	北京工业大学	1
9	中国人力资源开发研究会	1
9	新疆医科大学	1
9	广东省职业病防治院	1
9	济南大学	1
9	陕西师范大学	1
9	南京邮电大学	1
9	东莞理工学院	1
9	江苏警官学院	1
9	山西医科大学	1
9	陕西工业职业技术学院	1
9	内蒙古大学	1
9	哈尔滨商业大学	1
9	内蒙古财经大学	1
9	湖南广播电视大学	1
9	太原师范学院	1
9	辽宁师范大学	1

5.4 小 结

2019 年 5 月 10 日，中国劳动关系学院举办“加强新时代劳动科学学科建设研讨会”，会议提出要加强学校劳动+学科的整合发展，进一步推动劳动科学一级学科建设。安全工程学院大数据与安全研究所任国友教授团队接到“中国劳动+学科评价与大数据分析”课题任务后，根据前期“基于知识图谱的劳动+学科显性特征分析”的研究成果，积极开展“中国劳动+学科学者学术影响力排行榜”研究。为了保证排行榜的客观、公正和权威，课题组委托长安大学中国人文社会科学评价研究中心进行 1999～2019 年相关数据的采集和计算，形成劳动科学学科影响力前 200 名学者及其机构排名。初步结果出来以后，课题组专门向刘向兵书记报送审阅。2019 年 9 月 26 日，中国劳动关系学院召开“中国劳动+学科学者学术影响力排行榜”研讨会，与会专家提出了宝贵的改进建议。会后课题组将相关建议反馈给长安大学中国人文社会科学评价研究中心，并再次进行了数据审核校对。至此，课题组于 10 月 7 日提交了排行榜最终报告，并于 10 月 10 月发布排行榜。

参考文献

刘向兵 . 2019a. 弘扬劳模精神　加强劳动教育 [J]. 中国高等教育，(24)：24-26.

刘向兵 . 2019b. 新时代高校劳动教育论纲 [M]. 北京：社会科学文献出版社 .

刘向兵校长一行参加第三届劳动经济学学科建设研讨会 [EB/OL]. http：//news. culr. edu. cn/xxxw/49616. htm.

佚名 . 2009. 专家：中国高校设立劳动科学一级学科势在必行 [N]. 光明日报，2009-11-12.

赵健杰 . 2010. 劳动科学建构论纲 [J]. 中国劳动关系学院学报，24 (2)：10-14.

朱茂林 . 2007. 论我国劳动法学学科的构建 [D]. 北京：首都师范大学 .

第 6 章　劳动学科视角下的劳动教育督导评价

当前，加强劳动教育成为全社会的共识，要加强劳动教育，保证劳动教育做细做实，必须建立有效的劳动教育督导评价体系。2015 年 8 月，教育部联合共青团中央、全国少工委印发了《关于加强中小学劳动教育的意见》。2018 年 9 月 10 日，习近平在全国教育大会上指出，要努力构建德智体美劳全面培养的教育体系，形成更高水平的人才培养体系（吴潜涛和郭灏，2019），培养德智体美劳全面发展的社会主义建设者和接班人。2020 年 3 月 20 日，中共中央、国务院发布《关于全面加强新时代大中小学劳动教育的意见》。2020 年 7 月 7 日，教育部印发《大中小学劳动教育指导纲要（试行）》。劳动教育成为国民教育体系的重要组成部分（刘向兵，2019），标志着劳动教育上升为国家战略。因此，在大力推行劳动教育的要求下，开展劳动教育督导评价具有重要的现实意义和实践应用价值。

6.1　新时代劳动教育亟需督导评价

6.1.1　新时代劳动教育成为国家教育的重要主题

劳动首先是人和自然之间的过程，是人以自身的活动来引起、调整和控制人和自然之间的物质变换的过程（谢梦菲，2019）。新时代劳动教育源于对马克思主义劳动观的深刻认识和继承。毛泽东于 1957 年指出，我们的教育方针，应该使受教育者在德育、智育、体育几方面都得到发展，成为有社会主义觉悟的、有文化的劳动者（薛二勇和傅王倩，2019）。邓小平于 1958 年指出，把劳动和教育结合起来，是培养具有共产主义品德和真实本领的年轻一代的根本道路。江泽民于 1994 年指出，教育与生产劳动相结合是坚持社会主义教育方针的一项基本措施（郭学明，1997）。胡锦涛于 2010 年指出，要全面贯彻党的教育方针，坚持教育为社会主义现代化建设服务，为人民服务，与生产劳动和社会实践相结合，培养德智体美全面发展的社会主义建设者和接班人（王群瑛，2018）。2018 年 9 月

10 日，习近平在全国教育大会上发表重要讲话指出，要在学生中弘扬劳动精神，教育引导学生崇尚劳动、尊重劳动，懂得劳动最光荣、劳动最崇高、劳动最伟大、劳动最美丽的道理，长大后能够辛勤劳动、诚实劳动、创造性劳动。要努力构建德智体美劳全面培养的教育体系，形成更高水平的人才培养体系（鲁满新，2019）。至此，从马克思主义劳动观的科学认知，到教育与生产劳动相结合的长期实践探索，再到培养德智体美劳全面发展的社会主义建设者和接班人的理论升华，使劳动教育从以往促进青少年全面发展的途径提升为国民教育体系中与德育、智育、体育、美育并举的重要组成部分，标志着劳动教育上升为国家教育战略。

6.1.2　新时代劳动教育已成全社会关注的焦点

劳动价值观是一个社会成员人生观、世界观和价值观的重要组成部分（牛敏，2019）。如何克服传统劳动教育内在动力不足（高艺菲，2015），立足劳动培养人的核心价值观，建构具有内在生命力的新时代劳动教育是加强劳动教育的当务之急。2014 年 5 月 4 日，习近平总书记在同北京大学师生座谈时指出，青年的价值取向决定了未来整个社会的价值取向，而青年又处在价值观形成和确立的时期，抓好这一时期的价值观养成十分重要（鲁满新，2019）。中国教育科学研究院 2019 年 3 ~4 月开展的一项《大中小学劳动教育情况调研报告》① 认为，当前加强劳动教育正当其时。大中小学校开展劳动教育初步形成五点共识：一是加强劳动教育对学生素质发展意义重大；二是劳动教育内容与任务要遵循规律，因地制宜；三是劳动教育途径与方式应当多样化；四是劳动教育要有必需的条件与保障；五是加强大中小学劳动“定位要高、导向要明、方式要活、主体要全、典型要树”的“五要”对策。中国劳动关系学院开展的一项“当代大学生劳动价值观调查”② 也显示，90% 的大学生对优秀劳动文化持认同态度；90% 左右的受访大学生认同新时代劳动价值导向。2018 年 9 月 10 日，全国教育大会召开，标志着新时代劳动教育已成全社会共识。

6.1.3　新时代劳动教育效果亟需强化督导

教育督导作为政府的一项专门工作，行使督导职能，是政府实施教育监管，

---

① 资料来源：中国教育科学研究院．劳动教育相关研究资料汇总［R］．2019.

② 资料来源：李珂．嬗变与审视：劳动教育的历史逻辑与现实重构［M］．北京：社会科学文献出版社，2019.

推进管、办、评分离的基本保障。从近年来我国教育督导所取得的成效看，我国教育督导的机制无疑是成功的（牛敏，2019），但劳动教育督导仍处于改革攻坚阶段，与国外相比存在明显的差距。北京师范大学和中国教育科学研究院联合开展的一项“国外劳动教育开展情况研究”① 报告显示，典型发达国家与发展中国家在劳动教育方面呈现六个基本特征：一是各主要国家对劳动教育的育人功能有较明确的定位；二是各主要国家明确阐述了劳动教育的价值和目的；三是各主要国家针对劳动教育颁布了相应的法律法规；四是各主要国家提出了开展劳动教育的基本途径；五是各主要国家对学校开展劳动教育的课时做出了规定；六是各主要国家规定了劳动教育的具体内容和形式。相比国外劳动教育开展情况，新时代劳动教育目前开展情况参差不齐、良莠不分，亟需加强劳动教育督导评估，规范劳动教育有序开展。

6.2 以往劳动教育及其督导评价的主要不足

6.2.1 传统劳动教育的突出问题

长期以来，各地和学校坚持教育与生产劳动相结合，不断探索开展劳动教育的内容、途径和方式，在促进实践育人方面取得一定成效。但必须看到，劳动的独特育人价值被忽视，学生参与生产劳动的场所和机会不断减少，激励引导和保障支撑机制缺乏，劳动教育正被淡化。主要表现在以下层面：

1）政府层面。从政府来讲，劳动教育某阶段曾一度退出政府的教育体制，相关法治建设甚至停滞，劳动教育顶层制度亟需完善和调整。

2）学校层面。从学校来讲，特别是中小学劳动与技术方面的课程经常被占用，师资、场地、经费缺乏，劳动教育处于无计划、无考核，甚至把劳动当成惩罚手段，劳动多教育少，忽视了劳动观念和劳动习惯的培养（何云峰和宗爱东，2019），学校劳动教育的主体责任远未落实。

3）家庭层面。从家庭来讲，体力劳动和生产劳动被忽视，家长往往只关心孩子的学业成绩，只要学习好，什么都不用干（高艺菲，2015），家庭劳动教育严重弱化。

4）学生层面。从学生角度来看，社会上“一夜暴富”“不劳而获”的思想在大中小学生有所蔓延，体力劳动和生产劳动被淡化（何云峰和宗爱东，2019），

① 资料来源：中国教育科学研究院．劳动教育相关研究资料汇总［R］．2019.

大力倡导“劳动最光荣、劳动最崇高、劳动最伟大、劳动最美丽”的氛围远不浓厚。

6.2.2 传统劳动教育督导评估面临的困境

1）督导制度有待完善。各国的经验表明，保证教育督导职能与作用有效发挥的关键在于督导制度本身的健全和完善（江东华和廖其发，2012）。法律法规体系使劳动教育督导制度及其基本政策成为当前劳动教育的重要依据，确立了劳动教育督导在教育发展中的地位和权威，从而促进劳动教育快速、有序发展。

2）督导内容缺乏。面对新时代的新任务、新形势和新技术，劳动教育的内容、形式和实施手段发生了重要变化，督导内容亟需完善。高校作为育人的基地，承担着向国家建设发展输送人才的重要任务，劳育是大学生成人成才的基础（刘杨，2019）。高校劳育的核心内容应放到观念确立、课程设置、平台建设三个方面，其督导的重点也应集中在这三个方面。

3）督导方式落后。坚持问责、关注绩效、加强和深化教育督导对教育质量的评价、监督、指导作用是一项各国的主要国策（孙河川等，2011）。教育督导过程中，传统的做法是查阅资料、实地查看的方式，往往只注重物化的成果，不能真正了解成果形成的过程与想法，缺乏与人积极有效的互动（高原，2013）。随着科学技术的发展，高校教育的方式和途径多样化，但最主要最核心的方式仍然是课堂教学（彭建国，2019）。劳育具有综合性、实践性和情景性的基本特征，是德智体美及其他教育的基础，具有综合育人的功能，劳动可以树德、增智、强体、育美，这决定了劳动教育督导方式既要注重传统督导手段，又要体现出督导的创新性。

6.3 新时代劳动教育督导评价维度

劳动教育督导是教育督导的一个重要构成部分，其核心是构建评估指标体系。在设计评估指标时既要考虑到引领高校规范开展劳动教育的基础性要求，又要兼顾到高校劳动教育的特色发展（高原，2013）。当前，我国教育督导制度经历了40年的发展，呈现出从“工具”本位到“人”本位、从“效率”到“公平”、从“单一”到“多元”的认识价值转向（付艳萍，2013）。因此，从基础、发展和创新三个新维度讨论劳动教育督导评价问题体现了多元化督导评价的主流趋势。

6.3.1 基础维度：应评估学校开展劳动教育的基础性条件

教育督导是大学教育督导评价过程中各种管理能力的重要体现（齐书宇，2016），劳动教育督导也应评估学校劳动教育开展的基础性条件，这也是其他教育评估督导的基本理念。2017年6月15～16日，“北京2017教育督导与评价研讨会”提出，我国教育督导制度实现从“2.0”版本向“3.0”版本的升级（仲玉维，2017）。2018年2月12日，国务院教育督导委员会办公室关于印发《〈对省级人民政府履行教育职责的评价办法〉实施细则》的通知（国教督办〔2018〕2号），提出包括6个方面评价内容，38项测评具体内容，92个测评点的对省级人民政府履行教育职责评价的测评体系，加强了地方教育主管部门对各级各类学校办学督导，为学校劳动教育督导的开展提出了新要求。

6.3.2 发展维度：应鼓励学校建立劳动教育自我发展机制

当前，建立在以人为本基础之上的基于教育资源合理配置前提下的追求学校教育质量的内涵发展模式（王晓妹，2014），成为劳动教育的主流模式。督导评估只是教育督导其中的一个环节，学校应立足自身教育实际，逐步完善劳动教育内涵式发展机制。

6.3.3 创新维度：应支持学校劳动教育设立特色创新项目

各学校因办学传统、历史发展等原因，经过多年的发展形成了自己的劳动教育特色，因此，要挖掘校园特色资源，整合拓展教材内容，开发校本内容，丰富劳动教育的形式（赵亚珍，2018），进而形成学校独有的劳动教育特色项目。教育督导应注重通过评估更有利地发挥学校的劳动教育优势，进而提高学生的劳动素养。

6.4 新时代高校劳动教育督导评价体系构建

评估指标是督导评估体系的核心，是衡量和评定劳动教育质量效度的主要依据与准绳。基于以往教育评估实践，劳动教育督导评估须克服整齐划一的评估指标缺陷，在兼顾传统基础性指标的基础上提出发展性指标和创新性指标，鼓励高校建立自我评价机制和个性化持续发展理念。至此，课题组提出层次性、可量化、系统性、创新性、定性与定量结合的指标建构原则。

在设计评估指标时既要考虑到引领高校规范开展劳动教育的基础性要求，又要兼顾到高校劳动教育的特色发展。因此，从基础、发展和创新三个新维度提出新时代高校劳动教育督导评价指标体系（表6-1）。

表6-1 新时代高校劳动教育专项督导评价指标体系构成及其评分标准

	评价维度		督导项目	监测评分建议	得分
劳动教育专项督导评价	基础性条件	环境劳育	基础设施与资金投入	基本具备劳动教育基础设施=5分；满足教学要求=8分；定期更新设备=10分	
			师资队伍建设与互聘	师资队伍基本满足=5分；满足=8分；较好=10分	
			组织管理与制度建设	基本具备组织机构与管理制度=5分；具备=8分；较好=10分	
			设置校内劳动教育教学督导	专项劳动教育教学督导基本到位=5分；到位=8分；较好=10分	
			校园劳动文化	校园劳动文化氛围一般=5分；较好=8分；好=10分	
			产教融合与社会支持	产教融合与支持程度一般=5分；较好=8分；好=10分	
		专业劳育	学校领导重视劳育在专业教育中的渗透	学校重视程度一般=5分；较好=8分；好=10分	
			列入专业人才培养目标	劳育目标未列入=0分；有相关表述=5分；明确列入=10分	
			设置劳动教育学分	0学分=0分；1学分=5分；2学分及以上=10分	
			设置实践实验课门数	5门以下=5分；5~8门=8分；8门以上=10分	
			实习实训前教育次数	5次以下=5分；5~8次=8分；8次以上=10分	
			校内专业实验室建设	5个以下=5分；5~8个=8分；8个以上=10分	
		课程劳育	开设劳动教育通论课程	与其他课程合开=5分；单独开设=10分	
			设置劳动教育学分	0学分=0分；1学分=5分；2学分及以上=10分	
			开设职业生涯与就业指导及相关课程	未融合劳动教育内容=5分；融合劳动教育内容=10分	
			编写相关劳动教育教材	1部以下=5分；2部=8分；2部以上=10分	
			各类先进人物进课堂	5次以下=5分；5~8次=8分；8次以上=10分	
			创建服务中小学生劳育课程	1门以下=5分；2门=8分；2门以上=10分	
			面向社会开展公益讲座	5次以下=5分；5~8次=8分；8次以上=10分	

续表

	评价维度		督导项目	监测评分建议	得分
劳动教育专项督导评价	发展性需求	思政劳育	融入劳育的思政课程门数	5 门以下 =5 分；5～8 门 =8 分；8 门以上 =10 分	
			融入劳育的思政课程学分	0 学分 =0 分；0.5 学分 =5 分；1 学分及以上 =10 分	
			列入思政课程大纲	未列入 =0 分；有相关表述 =5 分；明确列入 =10 分	
			融入思政课堂教改	未融入 =0 分；有相关表述 =5 分；明确列入 =10 分	
			思政教师开展劳育课题	1 个以下 =5 分；1～3 个 =8 分；3 个以上 =10 分	
		实践劳育	组织专业类学科竞赛	1 个以下 =5 分；1～3 个 =8 分；3 个以上 =10 分	
			学生创新创业参与	国家创新创业立项班均 1 项 =5 分；1～2 项 =8 分；2 项以上 =10 分	
			校外实践基地建设	1 个以下 =5 分；1～3 个 =8 分；3 个以上 =10 分	
			课外劳动体验活动次数	1 个以下 =5 分；1～3 个 =8 分；3 个以上 =10 分	
			课外志愿服务活动次数	1 个以下 =5 分；1～3 个 =8 分；3 个以上 =10 分	
			课外劳动技能培训次数	1 个以下 =5 分；1～3 个 =8 分；3 个以上 =10 分	
	创新性成长	特色劳育	劳育目标	将劳育目标与学校人才培养目标结合，一般 =5 分；较好 =8 分；好 =10 分	
			特色定位	将劳动教育与学校、专业特色相结合，一般 =5 分；较好 =8 分；好 =10 分	
			运作载体	将劳动教育与新技术、新载体相结合，一般 =5 分；较好 =8 分；好 =10 分	
			成果呈现	将劳动教育与科研、教研成果相结合，一般 =5 分；较好 =8 分；好 =10 分	
			应用推广	将劳育成果广泛推广，开展 1 年以下 =5 分 1～3 年 =8 分；3 年以上 =10 分	
			持续改进	将紧跟国家劳动教育政策持续改进，一般 =5 分；较好 =8 分；好 =10 分	

6.4.1 基础性指标

基础性指标主要包括学校开展劳动教育的环境、专业和课程载体三类指标，是一所学校开展劳动教育的基础条件和保障环境。

（1）环境劳育

育人环境由自然环境、社会环境、校园环境三部分共同构成（杜乐和张蕊，2019）。环境劳育主要包括基础设施与资金投入、师资队伍建设与互聘、组织管理与制度建设、设置校内劳动教育教学督导、校园劳动文化、产教融合与社会支持6个方面。劳动教育开展必须因地制宜，利用好现有的“环境”，否则就会引发教育误区。当前，农村中小学劳动教育存在三大误区（曹东勃，2019）：一是条件有限误区。农村中小学条件有限，劳动教育无从入手，只能听之任之。二是无需劳动误区。农村中小学生生于斯长于斯，劳动乃是本能，劳育多此一举。三是非主要能力误区。农业农村生产劳动技术含量低，提升学生能力水平还是靠“主科”。相比农村，城市也存在相类似的误区。高校劳动教育须从中小学劳育误区走出来，大力关注环境劳育。

（2）专业劳育

劳动教育是普通教育和高等专业教育中不可缺少的组成部分（南京医学院，1985）。专业劳育主要包括学校领导重视在专业教育中的渗透、列入专业人才培养目标、设置劳动教育学分、设置实践实验课门数、实习实训前教育次数、校内专业实验室建设6个方面。在中国特色社会主义进入新时代的今天，高校高扬劳动教育的旗帜，不是新中国成立初期劳动教育的简单“回归”，不是对过去“教育与生产劳动相结合”方针的机械重复，更不是要回到过去一度淡化课堂教学而去学工、学农、种地的单一模式（刘向兵和闻效仪，2019），而是建立一种以专业精神、专业能力、劳动精神、劳动能力培养为核心的专业教育体系。

（3）课程劳育

课程是开展劳动教育的主要载体。课程劳育主要包括开设劳动教育通论课程、开设职业生涯与就业指导及相关课程、编写相关劳动教育教材、各类先进人物进课堂、创建服务中小学生劳育课程、面向社会开展公益讲座6个方面。加强劳动教育，必须认真研究和处理好综合实践活动课程与劳动教育的关系，实践与劳动互为补充，共同承担立德树人的任务（柳夕浪，2019）。我国劳动教育课程需要对劳动内容与劳动方式的发展变化予以充分重视，从国情、校情、课情出发，针对课程中的具体问题进行研究，围绕劳动课程的目标、内容、实施和评价层面搭建分析框架，分析并提出解决问题的方向、方式、策略（倪娟，2018）。

6.4.2 发展性指标

发展性指标主要包括学校开展劳动教育的思政和实施二类指标，是一所学校深化劳动教育的核心价值观和实践拓展的路径。

（1）思政劳育

尽管高校德育、劳育各有其功能和规律，但多数学者认为两者密不可分，如认为劳动教育是高校思想政治教育的重要组成（吴梦希，2018），是思想政治教育不可或缺的内容和形式（王迈悦，2017）；高校劳动教育是促进大学生全面发展的素质教育，是大学生思想政治教育的重要抓手，对塑造全面发展的新时代大学生有重要意义（牛敏，2019）。思政劳育主要包括融入劳育的思政课程门数、融入劳育的思政课程学分、列入思政课程大纲、融入思政课堂教改、思政教师开展劳育课题 5 个方面。劳动教育对于社会发展和提高高校大学生整体素质具有重要作用，提高思政劳育效果也是培养学生劳动素质的重要途径（王丽娜，2016）。

（2）实践劳育

坚持理论与实践相结合是党的教育方针中重要的内容，在现代教育体制不断综合发展的背景下，对学生进行劳动教育势在必行，也是帮助学生在日后的生活和发展当中能够大有作为的基础保障（杨旭，2019）。实践劳育主要包括组织专业类学科竞赛、学生创新创业参与、校外实践基地建设、课外劳动体验活动次数、课外志愿服务活动次数、课外劳动技能培训次数 6 个方面。

6.4.3 创新性指标

创新性指标主要包括学校开展特色劳动教育的一类指标，是一所学校结合学校特色、专业特色在劳动教育领域进行创新、提升劳育效果、扩大劳育影响的体现。特色劳育主要包括劳育目标、特色定位、运作载体、成果呈现、应用推广、持续改进 6 个方面。劳动教育与学校的文化渗透紧密相连，强化学生的劳动教育，使基地建设做到一校一品牌，一校一特色（李金文，2013）。劳动基地丰富了学生的知识，不仅培养了学生对劳动的感情，而且通过参与劳动过程中的管理、观察、记录，学生获得了许多从书本里学不到的知识经验（陈金胜，1997）。

6.5　推进新时代高校劳动教育督导评价的操作要义

6.5.1　基础性条件督导：全面客观公正，标准可行

基础性条件督导强调的是学校劳动教育的规范要求，是根据国家的劳动教育方针、法律、法规和省市县（区）有关规范要求制定的，体现了学校基本条件、劳动教育管理、办学基本要求和年度工作重点等方面内容，具有法定性、指令性和统一性（高原，2013）。从“评估指标即是可操作标准”的设计初衷出发，每年定期审视高校开展劳动教育的环境、专业和课程三个基础条件的符合性，在评估标准的制定上更注重思路上的引领、行为上的规范和对共性问题解决，引导学校依据标准规范劳动教育行为。

6.5.2　发展性需求督导：实行纵向评价，激励为主

发展性需求督导强调的是学校劳动教育的自主性发展要求，主要是由学校依据教育改革和发展需要，根据自身发展的不同阶段把规划从思政劳育和实践劳育两个方面提出。在评估中采用“同质分组、纵向比较、单项表奖”的评价方式，对学校进行了多个等级的划分，在同一等级内进行校与校之间的横向比较，对每个学校的发展进行纵向比较。在每个等级内按比例设置优秀、合格、基本合格、不合格四个结果。

6.5.3　创新性成长督导：鼓励特色劳育，注重引领

创新性成长督导强调的是学校劳动教育的个性化发展要求，主要是由学校依据教育改革和发展需要，根据学校的办学特色从特色劳育方面提出规划。在评估方式上，应采用“望、闻、问、切”四个主要途径了解学校个性化的特色发展。“望”是亲临现场观察学校重点开展的“建设点”和“特色点”；“闻”是从汇报中听出可继续完善的“操作点”以及被忽略的“问题点”；“问”是从与校长、教师交谈中厘出学校潜在的特色发展想法与指导需求；“切”是在现场考察中看出学校可深入发展的优势及尚未关注的薄弱环节。通过“望、闻、问、切”的新督导方式，目的是在学校现有劳动教育的优势基础上，帮助刚刚发展的学校找

准发展定位，做到原无现有；扶持初具发展雏形的学校明确发展类型，做到人有我优；指导具有发展积淀的学校执行发展指标，做到人优我创，提升成果质量。

6.6 小　　结

1）在劳动学科已然显学的新时代，加强劳动教育督导评价是推进新时代劳动教育落地实施的利器。

2）基于传统劳动教育的突出问题及其督导评估面临的困境解析，客观分析了新时代劳动教育督导评价的现实必要性。在此基础上从基础性、发展性和创新性三个新维度，讨论劳动教育多元化督导评价的主流趋势，构建了新时代高校劳动教育督导评价体系，为有序推动新时代劳动教育提供了理论依据。

3）提出开展劳动教育督导的三个路径：一是基础性条件督导，要全面客观公正，标准可行；二是发展性需求督导，要实行纵向评价，激励为主；三是创新性成长督导，要鼓励特色劳育，注重引领。

参 考 文 献

曹东勃 . 2019-01-11. 农村校劳育须破除三大误区［N］. 中国教育报，第 002 版 .

陈金胜 . 1997. 以劳动教育为突破口　推进整体改革　营造学校特色［J］. 教育导刊，(6)：15-16.

杜乐，张蕊 . 2019. "环境育人"视角下乡村小学空间环境营造研究——以汉阴县三坪小学改扩建项目为例［J］. 华中建筑，37（4）：50-53.

付艳萍 . 2013. 论我国教育督导制度的价值转向［J］. 江苏教育研究，(22)：3-8.

高艺菲 . 2015. 劳动后面跟着美德［J］. 中国德育，(16)：22-23.

高原 . 2013. 大连市中山区幼儿园发展性督导评估体系的建构［D］. 大连：辽宁师范大学 .

郭学明 . 1997. 中专素质教育浅议［J］. 电大教学，(3)：34-35.

何云峰，宗爱东 . 2019. 中小学劳动教育的现状、问题及对策［J］. 青年学报，(1)：6-11.

江东华，廖其发 . 2012. 当前我国教育督导制度发展的瓶颈与对策［J］. 辽宁教育，(22)：76-78.

李金文 . 2013. 小基地　大教育——学生劳动实践技能的特色教育［J］. 学周刊，(1)：121.

刘向兵，闻效仪 . 2019. 通过新时代劳动教育引领和推动人力资源开发建设［J］. 教育经济评论，4（1）：3-10.

刘向兵 . 2019. 新时代高校劳动教育论纲［M］. 北京：社会科学文献出版社 .

刘杨 . 2019. 素质教育之被忽略的劳动技术教育［J］. 西部素质教育，5（3）：8-9.

柳夕浪 . 2019-02-27. 如何成为劳动教育最佳载体［N］. 中国教育报，第 007 版 .

鲁满新 . 2019. 论新时代弘扬劳动精神的重大意义与实践路径［J］. 思想理论教育导刊，(4)：134-137.

南京医学院．1985. 在医学教育中试行专业劳动教育的体会［J］. 医学教育，(1)：13-14，18.
倪娟．2018. 中小学劳动教育课程变革及其发展［J］. 基础教育课程，(23)：41-48.
牛敏．2019. 以劳动教育为抓手，推进大学生思想政治教育［J］. 湖北开放职业学院学报，32（8）：90-91.
彭建国．2019-01-12. 弘扬劳动精神 加强新时代高校劳动教育［N］. 湖南日报，第006版．
齐书宇．2016. 发达国家大学教育督导模式特征及启示［J］. 北京教育（高教），(2)：62-64.
孙河川，刘文钊，王小栋，等．2011. 英国最新教育督导评价指标述评［J］. 比较教育研究，33（3）：55-59.
王丽娜．2016. 劳动教育在高校思想政治教育中的现状与对策研究［D］. 成都：四川农业大学.
王迈悦．2017. 劳动教育：思想政治教育不可或缺的内容和形式——学习和研究马卡连柯的劳动教育思想的启示［J］. 文化创新比较研究，1（14）：28，9.
王群瑛．2018. 把立德树人作为教育的根本任务［J］. 中国高校社会科学，(6)：15-20.
王晓妹．2014. 中小学校内涵发展督导评估体系的研究［D］. 大连：辽宁师范大学．
吴梦希．2018. 浅析劳动教育在高校思想政治教育中的现状与策略研究［J］. 科技风，(17)：37.
吴潜涛，郭灏．2019. 新时代党的教育方针的创新发展及其实现路径［J］. 中国高校社会科学，(2)：21-32，157.
谢梦菲．2019. 弘扬劳动精神　培育时代新人［J］. 中学政治教学参考，(3)：44-48.
薛二勇，傅王倩．2019. 新时代教育改革的战略规划与顶层设计——全国教育大会的思想、形势、战略与政策分析［J］. 河南大学学报（社会科学版），59（1）：11-22.
杨旭．2019. 劳动教育实践育人途径与模式研究［J］. 黑龙江教育学院学报，38（5）：73-75.
赵亚珍．2018. 巧用校内特色资源，助力劳动与技术教育［J］. 小学教学研究，(31)：83-85.
仲玉维．2017. 北京2017教育督导与评价研讨会成功召开［J］. 中小学信息技术教育，(7)：4.

附　　录

附录1　教育部　共青团中央　全国少工委关于加强中小学劳动教育的意见

教育部　共青团中央　全国少工委关于加强中小学劳动教育的意见

教基一〔2015〕4号

各省、自治区、直辖市教育厅（教委）、团委、少工委，新疆生产建设兵团教育局、团委、少工委：

劳动教育是全面贯彻党的教育方针的基本要求，是实施素质教育的重要内容，是培育和践行社会主义核心价值观的有效途径。近年来，一些地方在劳动教育方面积极探索，取得了一定成绩。但是，总体上劳动教育存在诸多薄弱环节和问题，劳动教育在学校中被弱化，在家庭中被软化，在社会中被淡化，中小学生劳动机会减少、劳动意识缺乏，出现了一些学生轻视劳动、不会劳动、不珍惜劳动成果的现象。当前，我国正处在全面建成小康社会的关键阶段，切实加强劳动教育，培养学生劳动兴趣、磨练学生意志品质、激发学生的创造力、促进学生身心健康和全面发展，对于推进教育现代化、实现“两个一百年”奋斗目标和中华民族伟大复兴的中国梦具有重要的现实意义。为深入贯彻落实立德树人根本任务，更好地培养广大青少年的社会责任感、创新精神和实践能力，使他们成为全面发展的社会主义建设者和接班人，现就加强新时期中小学劳动教育提出如下意见。

一、明确劳动教育的主要目标

通过劳动教育，提高广大中小学生的劳动素养，促进他们形成良好的劳动习惯和积极的劳动态度，使他们明白“生活靠劳动创造，人生也靠劳动创造”的道理，培养他们勤奋学习、自觉劳动、勇于创造的精神，为他们终身发展和人生幸福奠定基础。

用3–5年时间，统筹资源，构建模式，推动建立课程完善、资源丰富、模式多样、机制健全的劳动教育体系，形成普遍重视劳动教育的氛围。推动在全国创建一批国家级劳动教育实验区，推动地方创建一批省级劳动教育实践基地和劳动教育特色学校，带动全国中小学劳动教育深入开展。

二、坚持劳动教育的基本原则

充分发挥劳动综合育人功能，以劳树德、以劳增智、以劳强体、以劳育美、以劳创新，促进学生德智体美劳全面发展。

——坚持思想引领。中小学劳动教育既要让学生学习必要的劳动知识和技能，更要通过劳动帮助学生形成健全人格和良好的思想道德品质。

——坚持有机融入。要有效发挥学科教学、社会实践、校园文化、家庭教育、社会教育的劳动教育功能，让学生在日常学习生活中形成劳动光荣、劳动伟大的正确观念。

——坚持实际体验。要让学生直接参与劳动过程，增强劳动感受，体会劳动艰辛，分享劳动喜悦，掌握劳动技能，养成劳动习惯，提高动手能力和发现问题、解决问题的能力。

——坚持适当适度。要根据学生年龄特征、性别差异、身体状况等特点，选择合适的劳动项目和内容，安排适度的劳动时间和强度，做好劳动保护，确保学生人身安全。

三、抓好劳动教育的关键环节

1. 落实相关课程。要根据《义务教育课程设置实验方案》和《普通高中课程方案（实验）》，将国家规定的综合实践活动课程、通用技术课程作为实施劳动教育的重要渠道，开足开好。要明确并保证劳动教育课时，义务教育阶段三到九年级切实开设综合实践活动中的劳动与技术教育课，普通高中阶段严格执行通用技术课程标准，课时可视情况相对集中。各地各校可结合实际在地方和学校课程中加强劳动教育，开设家政、烹饪、手工、园艺、非物质文化遗产等相关课程。在德育、语文、历史等学科教学中加大劳动观念和态度的培养，在物理、化学、生物等学科教学中加大动手操作和劳动技能、职业技能的培养，在其他学科教学和少先队活动课中也应有机融入劳动教育内容。

2. 开展校内劳动。要在学校日常运行中渗透劳动教育，积极组织学生参与校园卫生保洁和绿化美化，普及校园种植。开辟专门区域种植花草树木或农作物，让班级、学生认领绿植或“责任田”，予以精心呵护，有条件的学校可适当开展养殖。大力开展与劳动有关的兴趣小组、社团、俱乐部活动，进行手工制作、电器维修、班务整理、室内装饰、勤工俭学等实践活动。广泛组织以劳动教育为主题的班团队会、劳模报告会、手工劳技展演，提高学生劳动意识。

3. 组织校外劳动。要将校外劳动纳入学校的教育工作计划，小学、初中、高中每个学段都要安排一定时间的农业生产、工业体验、商业和服务业实习等劳动实践。充分利用劳动教育实践基地、综合实践基地和其他社会资源，结合研学旅行、团日队日活动和社会实践活动，加强城乡学生交流，组织学生学工学农。城镇学校可结合实际情况组织学生参加公益劳动与志愿服务，农村学校可结合实际情况在农忙时节组织学生帮助家长进行适当的农业生产劳动。

4. 鼓励家务劳动。教育学生自己事情自己做，家里事情帮着做，弘扬优良家风，参与孝亲、敬老、爱幼等方面的劳动。学校应安排适量的劳动家庭作业，针对学生的年龄特点和个性差异布置洗碗、洗衣、扫地、整理等力所能及的家务。要密切家校联系，转变家长对孩子参与劳动的观念，使他们懂得劳动在孩子学习、生活和未来长远发展中的积极意义和作用，让家长成为孩子家务劳动的指导者和协助者，形成劳动教育合力。

四、完善劳动教育的保障机制

1. 加强统筹协调。加强对劳动教育的领导，明确劳动教育责任主体和负责部门，加强县级统筹，确保劳动教育的时间、师资、经费、场地、设备等落实到位。加强校内统筹，既要发挥班主任、任课教师的积极性，也要发挥共青团、少先队、学生会的作用。加强校外协调，积极借助家庭、社会的力量，共同关心支持劳动教育。适时启动劳动教育实验区创建工作。

2. 加强师资建设。采取有效措施，在工资待遇、绩效考核、职称评聘、评优选先、骨干教师培养等方面，对劳动教育教师同等对待，保持劳动教育教师队伍的稳定与发展。积极探索建立专兼职结合的劳动教育教师队伍，广开渠道，开门办学，聘请能工巧匠、专业技术人员担任兼职教师。加强对劳动教育教师的专业培训，配备专兼职教研员，组织经常性的教研活动，开展教学竞赛，促进劳动教育教师专业化，不断提高劳动教育教学质量。

3. 加强资源开发。因地因校制宜，加强劳动教育场地或实践基地建设，满足劳动教育需要。农村地区要积极争取当地政府和有关部门支持，安排相应的土地、山林、草场或水面作为学农实践的基地。城市地区要统筹建立劳动教育实践基地，或充分利用现有青少年校外活动场所、青少年宫和示范性综合实践基地开展劳动教育。要积极争取社会支持，充分利用学校布局调整中的闲置校舍和产业结构调整中的闲置厂房等社会资源，建立工业生产、农业生产、财经贸易、商业服务等各行业劳动教育实践基地。有条件的学校可建设专门的劳动与技术教育教室，配置相应设备和所需耗材。

4. 加强督导评价。各级教育督导部门要开展劳动教育督导，将学校劳动教育实施情况纳入中小学责任督学挂牌督导内容。学校要建立学生劳动评价制度，评价内容包括参加劳动次数、劳动态度、实际操作、劳动成果等方面，具体劳动情况和相关事实材料记入学生综合素质档案，并作为升学、评优的重要参考。各级教育部门、共青团组织和少工委要加强引导，对劳动教育开展得好的地方和学校要及时宣传推广，营造劳动教育良好氛围。

教育部
共青团中央
全国少工委
2015 年 7 月 20 日

附录2　中共中央 国务院关于加强大中小学劳动教育的指导意见

中共中央　国务院关于全面加强新时代大中小学劳动教育的意见

（2020年3月20日）

为构建德智体美劳全面培养的教育体系，现就加强新时代大中小学劳动教育提出如下意见。

一、充分认识新时代培养社会主义建设者和接班人对加强劳动教育的新要求

（一）重大意义。劳动教育是中国特色社会主义教育制度的重要内容，直接决定社会主义建设者和接班人的劳动精神面貌、劳动价值取向和劳动技能水平。长期以来，各地区和学校坚持教育与生产劳动相结合，在实践育人方面取得了一定成效。同时也要看到，近年来一些青少年中出现了不珍惜劳动成果、不想劳动、不会劳动的现象，劳动的独特育人价值在一定程度上被忽视，劳动教育正被淡化、弱化。对此，全党全社会必须高度重视，采取有效措施切实加强劳动教育。

（二）指导思想。以习近平新时代中国特色社会主义思想为指导，全面贯彻党的教育方针，落实全国教育大会精神，坚持立德树人，坚持培育和践行社会主义核心价值观，把劳动教育纳入人才培养全过程，贯通大中小学各学段，贯穿家庭、学校、社会各方面，与德育、智育、体育、美育相融合，紧密结合经济社会发展变化和学生生活实际，积极探索具有中国特色的劳动教育模式，创新体制机制，注重教育实效，实现知行合一，促进学生形成正确的世界观、人生观、价值观。

（三）基本原则

——把握育人导向。坚持党的领导，围绕培养担当民族复兴大任的时代新人，着力提升学生综合素质，促进学生全面发展、健康成长。把准劳动教育价值取向，引导学生树立正确的劳动观，崇尚劳动、尊重劳动，增强对劳动人民的感情，报效国家，奉献社会。

——遵循教育规律。符合学生年龄特点，以体力劳动为主，注意手脑并用、安全适度，强化实践体验，让学生亲历劳动过程，提升育人实效性。

——体现时代特征。适应科技发展和产业变革，针对劳动新形态，注重新兴

技术支撑和社会服务新变化。深化产教融合，改进劳动教育方式。强化诚实合法劳动意识，培养科学精神，提高创造性劳动能力。

——强化综合实施。加强政府统筹，拓宽劳动教育途径，整合家庭、学校、社会各方面力量。家庭劳动教育要日常化，学校劳动教育要规范化，社会劳动教育要多样化，形成协同育人格局。

——坚持因地制宜。根据各地区和学校实际，结合当地在自然、经济、文化等方面条件，充分挖掘行业企业、职业院校等可利用资源，宜工则工、宜农则农，采取多种方式开展劳动教育，避免“一刀切”。

二、全面构建体现时代特征的劳动教育体系

（四）把握劳动教育基本内涵。劳动教育是国民教育体系的重要内容，是学生成长的必要途径，具有树德、增智、强体、育美的综合育人价值。实施劳动教育重点是在系统的文化知识学习之外，有目的、有计划地组织学生参加日常生活劳动、生产劳动和服务性劳动，让学生动手实践、出力流汗，接受锻炼、磨炼意志，培养学生正确劳动价值观和良好劳动质量。

（五）明确劳动教育总体目标。通过劳动教育，使学生能够理解和形成马克思主义劳动观，牢固树立劳动最光荣、劳动最崇高、劳动最伟大、劳动最美丽的观念；体会劳动创造美好生活，体认劳动不分贵贱，热爱劳动，尊重普通劳动者，培养勤俭、奋斗、创新、奉献的劳动精神；具备满足生存发展需要的基本劳动能力，形成良好劳动习惯。

（六）设置劳动教育课程。整体优化学校课程设置，将劳动教育纳入中小学国家课程方案和职业院校、普通高等学校人才培养方案，形成具有综合性、实践性、开放性、针对性的劳动教育课程体系。

根据各学段特点，在大中小学设立劳动教育必修课程，系统加强劳动教育。

中小学劳动教育课每周不少于 1 课时，学校要对学生每天课外校外劳动时间作出规定。

职业院校以实习实训课为主要载体开展劳动教育，其中劳动精神、劳模精神、工匠精神专题教育不少于 16 学时。

普通高等学校要明确劳动教育主要依托课程，其中本科阶段不少于 32 学时。除劳动教育必修课程外，其他课程结合学科、专业特点，有机融入劳动教育内容。大中小学每学年设立劳动周，可在学年内或寒暑假自主安排，以集体劳动为主。高等学校也可安排劳动月，集中落实各学年劳动周要求。

根据需要编写劳动实践指导手册，明确教学目标、活动设计、工具使用、考核评价、安全保护等劳动教育要求。

（七）确定劳动教育内容要求。根据教育目标，针对不同学段、类型学生特点，以日常生活劳动、生产劳动和服务性劳动为主要内容开展劳动教育。结合产业新业态、劳动新形态，注重选择新型服务性劳动的内容。

小学低年级要注重围绕劳动意识的启蒙，让学生学习日常生活自理，感知劳动乐趣，知道人人都要劳动。小学中高年级要注重围绕卫生、劳动习惯养成，让学生做好个人清洁卫生，主动分担家务，适当参加校内外公益劳动，学会与他人合作劳动，体会到劳动光荣。

初中要注重围绕增加劳动知识、技能，加强家政学习，开展小区服务，适当参加生产劳动，使学生初步养成认真负责、吃苦耐劳的质量和职业意识。普通高中要注重围绕丰富职业体验，开展服务性劳动、参加生产劳动，使学生熟练掌握一定劳动技能，理解劳动创造价值，具有劳动自立意识和主动服务他人、服务社会的情怀。

中等职业学校重点是结合专业人才培养，增强学生职业荣誉感，提高职业技能水平，培育学生精益求精的工匠精神和爱岗敬业的劳动态度。

高等学校要注重围绕创新创业，结合学科和专业积极开展实习实训、专业服务、社会实践、勤工助学等，重视新知识、新技术、新工艺、新方法应用，创造性地解决实际问题，使学生增强诚实劳动意识，积累职业经验，提升就业创业能力，树立正确择业观，具有到艰苦地区和行业工作的奋斗精神，懂得空谈误国、实干兴邦的深刻道理；注重培育公共服务意识，使学生具有面对重大疫情、灾害等危机主动作为的奉献精神。

（八）健全劳动素养评价制度。将劳动素养纳入学生综合素质评价体系，制定评价标准，建立激励机制，组织开展劳动技能和劳动成果展示、劳动竞赛等活动，全面客观记录课内外劳动过程和结果，加强实际劳动技能和价值体认情况的考核。建立公示、审核制度，确保记录真实可靠。把劳动素养评价结果作为衡量学生全面发展情况的重要内容，作为评优评先的重要参考和毕业依据，作为高一级学校录取的重要参考或依据。

三、广泛开展劳动教育实践活动

（九）家庭要发挥在劳动教育中的基础作用。注重抓住衣食住行等日常生活中的劳动实践机会，鼓励孩子自觉参与、自己动手，随时随地、坚持不懈进行劳动，掌握洗衣做饭等必要的家务劳动技能，每年有针对性地学会 1 至 2 项生活技能。鼓励学校（家委会）和小区等组织开展学生生活技能展示活动。学生参加家务劳动和掌握生活技能的情况要按年度记入学生综合素质档案。鼓励孩子利用节假日参加各种社会劳动。家庭要树立崇尚劳动的良好家风，家长要通过日常生活的言传身教、潜移默化，让孩子养成从小爱劳动的好习惯。

（十）学校要发挥在劳动教育中的主导作用。学校要切实承担劳动教育主体责任，明确实施机构和人员，开齐开足劳动教育课程，不得挤占、挪用劳动实践时间。明确学校劳动教育要求，着重引导学生形成马克思主义劳动观，系统学习掌握必要的劳动技能。根据学生身体发育情况，科学设计课内外劳动项目，采取灵活多样形式，激发学生劳动的内在需求和动力。统筹安排课内外时间，可采用集中与分散相结合的方式。组织实施好劳动周，小学低中年级以校园劳动为主，小学高年级和中学可适当走向社会、参与集中劳动，高等学校要组织学生走向社会、以校外劳动锻炼为主。

（十一）社会要发挥在劳动教育中的支持作用。充分利用社会各方面资源，为劳动教育提供必要保障。各级政府部门要积极协调和引导企业公司、工厂农场等组织履行社会责任，开放实践场所，支持学校组织学生参加力所能及的生产劳动、参与新型服务性劳动，使学生与普通劳动者一起经历劳动过程。鼓励高新企业为学生体验现代科技条件下劳动实践新形态、新方式提供支持。工会、共青团、妇联等群团组织以及各类公益基金会、社会福利组织要组织动员相关力量、搭建活动平台，共同支持学生深入城乡小区、福利院和公共场所等参加志愿服务，开展公益劳动，参与小区治理。

四、着力提升劳动教育支撑保障能力

（十二）多渠道拓展实践场所。大力拓展实践场所，满足各级各类学校多样化劳动实践需求。充分利用现有综合实践基地、青少年校外活动场所、职业院校和普通高等学校劳动实践场所，建立健全开放共享机制。农村地区可安排相应土地、山林、草场等作为学农实践基地，城镇地区可确认一批企事业单位和社会机构，作为学生参加生产劳动、服务性劳动的实践场所。建立以县为主、政府统筹规划配置中小学（含中等职业学校）劳动教育资源的机制。进一步完善学校建设标准，学校逐步建好配齐劳动实践教室、实训基地。高等学校要充分发挥自身专业优势和服务社会功能，建立相对稳定的实习和劳动实践基地。

（十三）多举措加强人才队伍建设。采取多种措施，建立专兼职相结合的劳动教育师资队伍。根据学校劳动教育需要，为学校配备必要的专任教师。高等学校要加强劳动教育师资培养，有条件的师范院校开设劳动教育相关专业。设立劳模工作室、技能大师工作室、荣誉教师岗位等，聘请相关行业专业人士担任劳动实践指导教师。把劳动教育纳入教师培训内容，开展全员培训，强化每位教师的劳动意识、劳动观念，提升实施劳动教育的自觉性，对承担劳动教育课程的教师进行专项培训，提高劳动教育专业化水平。建立健全劳动教育教师工作考核体系，分类完善评价标准。

（十四）健全经费投入机制。各地区要统筹中央补助资金和自有财力，多种形式筹措资金，加快建设校内劳动教育场所和校外劳动教育实践基地，加强学校劳动教育设施标准化建设，建立学校劳动教育器材、耗材补充机制。学校可按照规定统筹安排公用经费等资金开展劳动教育。可采取政府购买服务方式，吸引社会力量提供劳动教育服务。

（十五）多方面强化安全保障。各地区要建立政府负责、社会协同、有关部门共同参与的安全管控机制。建立政府、学校、家庭、社会共同参与的劳动教育风险分散机制，鼓励购买劳动教育相关保险，保障劳动教育正常开展。各学校要加强对师生的劳动安全教育，强化劳动风险意识，建立健全安全教育与管理并重的劳动安全保障体系。科学评估劳动实践活动的安全风险，认真排查、清除学生劳动实践中的各种隐患特别是辐射、疾病传染等，在场所设施选择、材料选用、工具设备和防护用品使用、活动流程等方面制定安全、科学的操作规范，强化对劳动过程每个岗位的管理，明确各方责任，防患于未然。制定劳动实践活动风险防控预案，完善应急与事故处理机制。

五、切实加强劳动教育的组织实施

（十六）加强组织领导。在党委统一领导下，各级政府要把劳动教育摆上重要议事日程，出台相关政策措施，切实解决劳动教育实施过程中的重大问题，做好督促落实。省级政府要加强劳动教育工作的统筹协调，明确市地级、县级政府及有关部门加强劳动教育的职责，推动建立全面实施劳动教育的长效机制。

（十七）强化督导检查。把劳动教育纳入教育督导体系，完善督导办法。对地方各级政府和有关部门保障劳动教育情况以及学校组织实施劳动教育情况进行督导，督导结果向社会公开，同时作为衡量区域教育质量和水平的重要指标，作为对被督导部门和学校及其主要负责人考核奖惩的依据。开展劳动教育质量监测，强化反馈和指导。

（十八）加强宣传引导。引导家长树立正确劳动观念，支持配合学校开展劳动教育。加强劳动教育科学研究，宣传推广劳动教育典型经验。积极宣传企事业单位和社会机构提供劳动教育服务的先进事迹。注重挖掘在抗疫救灾等重大事件中涌现出来的典型人物和事迹，大力宣传不畏艰难、百折不挠、敢于担当的高尚品格。鼓励和支持创作更多以歌颂普通劳动者为主题的优秀作品，大力宣传辛勤劳动、诚实劳动、创造性劳动的典型人物和事迹，弘扬劳动光荣、创造伟大的主旋律，旗帜鲜明地反对一切不劳而获、贪图享乐、崇尚暴富的错误观念，营造全社会关心和支持劳动教育的良好氛围。

附录3　大中小学劳动教育指导纲要（试行）

教育部关于印发《大中小学劳动教育指导纲要（试行)》的通知

教材〔2020〕4号

各省、自治区、直辖市教育厅（教委)，新疆生产建设兵团教育局，有关部门（单位）教育司（局)，部属各高等学校、部省合建各高等学校：

为深入贯彻习近平总书记关于教育的重要论述，全面贯彻党的教育方针，落实《中共中央 国务院关于全面加强新时代大中小学劳动教育的意见》，加快构建德智体美劳全面培养的教育体系，我部组织研究制定了《大中小学劳动教育指导纲要（试行)》，现印发给你们，请认真贯彻落实。

教育部

2020年7月7日

大中小学劳动教育指导纲要（试行）

为深入贯彻习近平总书记关于教育的重要论述，全面贯彻党的教育方针，落实《中共中央 国务院关于全面加强新时代大中小学劳动教育的意见》，加快构建德智体美劳全面培养的教育体系，制定本指导纲要。

一、劳动教育性质和基本理念

（一）劳动教育性质

劳动是创造物质财富和精神财富的过程，是人类特有的基本社会实践活动。劳动教育是发挥劳动的育人功能，对学生进行热爱劳动、热爱劳动人民的教育活动。当前实施劳动教育的重点是在系统的文化知识学习之外，有目的、有计划地组织学生参加日常生活劳动、生产劳动和服务性劳动，让学生动手实践、出力流汗，接受锻炼、磨炼意志，培养学生正确劳动价值观和良好劳动品质。

劳动教育是新时代党对教育的新要求，是中国特色社会主义教育制度的重要内容，是全面发展教育体系的重要组成部分，是大中小学必须开展的教育活动。它具有鲜明的思想性，必须将马克思主义劳动观贯彻始终，强调劳动是一切财富、价值的源泉，劳动者是国家的主人，一切劳动和劳动者都应该得到鼓励和尊重；倡导通过诚实劳动创造美好生活、实现人生梦想，反对一切不劳而获、崇尚暴富、贪图享乐的错误思想。具有突出的社会性，必须加强学校教育与社会生活、生产实践的直接联系，发挥劳动在个人与社会之间的纽带作用，引导学生认识社会，增强社会责任感；同时注重让学生学会分工合作，体会社会主义社会平等、和谐的新型劳动关系。具有显著的实践性，必须面向真实的生活世界和职业世界，引导学生以动手实践为主要方式，在认识世界的基础上，获得有积极意义的价值体验，学会建设世界，塑造自己，实现树德、增智、强体、育美的目的。

（二）劳动教育基本理念

1. 强化劳动观念，弘扬劳动精神。将劳动观念和劳动精神教育贯穿人才培养全过程，贯穿家庭、学校、社会各方面。注重让学生在学习和掌握基本劳动知识技能的过程中，领悟劳动的意义价值，形成勤俭、奋斗、创新、奉献的劳动精神。

2. 强调身心参与，注重手脑并用。把握劳动教育的根本特征，让学生面对真实的个人生活、生产和社会性服务任务情境，亲历实际的劳动过程，善于观察思考，注重运用所学知识解决实际问题，提高劳动质量和效率。

3. 继承优良传统，彰显时代特征。在充分发挥传统劳动、传统工艺项目育人功能的同时，紧跟科技发展和产业变革，准确把握新时代劳动工具、劳动技术、劳动形态的新变化，创新劳动教育内容、途径、方式，增强劳动教育的时代性。

4. 发挥主体作用，激发创新创造。关注学生劳动过程中的体验和感悟，引导学生感受劳动的艰辛和收获的快乐，增强获得感、成就感、荣誉感。鼓励学生在学习和借鉴他人丰富经验、技艺的基础上，尝试新方法、探索新技术，打破僵化思维方式，推陈出新。

二、劳动教育目标和内容

（一）总体目标

准确把握社会主义建设者和接班人的劳动精神面貌、劳动价值取向和劳动技能水平的培养要求，全面提高学生劳动素养，使学生：

树立正确的劳动观念。正确理解劳动是人类发展和社会进步的根本力量，认识劳动创造人、劳动创造价值、创造财富、创造美好生活的道理，尊重劳动，尊重普通劳动者，牢固树立劳动最光荣、劳动最崇高、劳动最伟大、劳动最美丽的思想观念。

具有必备的劳动能力。掌握基本的劳动知识和技能，正确使用常见劳动工具，增强体力、智力和创造力，具备完成一定劳动任务所需要的设计、操作能力及团队合作能力。

培育积极的劳动精神。领会“幸福是奋斗出来的”内涵与意义，继承中华民族勤俭节约、敬业奉献的优良传统，弘扬开拓创新、砥砺奋进的时代精神。

养成良好的劳动习惯和品质。能够自觉自愿、认真负责、安全规范、坚持不懈地参与劳动，形成诚实守信、吃苦耐劳的品质。珍惜劳动成果，养成良好的消费习惯，杜绝浪费。

（二）主要内容

主要包括日常生活劳动、生产劳动和服务性劳动中的知识、技能与价值观。日常生活劳动教育立足个人生活事务处理，结合开展新时代校园爱国卫生运动，注重生活能力和良好卫生习惯培养，树立自立自强意识。生产劳动教育要让学生在工农业生产过程中直接经历物质财富的创造过程，体验从简单劳动、原始劳动向复杂劳动、创造性劳动的发展过程，学会使用工具，掌握相关技术，感受劳动创造价值，增强产品质量意识，体会平凡劳动中的伟大。服务性劳动教育让学生利用知识、技能等为他人和社会提供服务，在服务性岗位上见习实习，树立服务意识，实践服务技能；在公益劳动、志愿服务中强化社会责任感。

（三）学段要求

1. 小学

低年级：以个人生活起居为主要内容，开展劳动教育，注重培养劳动意识和劳动安全意识，使学生懂得人人都要劳动，感知劳动乐趣，爱惜劳动成果。指导学生：（1）完成个人物品整理、清洗，进行简单的家庭清扫和垃圾分类等，树立自己的事情自己做的意识，提高生活自理能力；（2）参与适当的班级集体劳动，主动维护教室内外环境卫生等，培养集体荣誉感；（3）进行简单手工制作，照顾身边的动植物，关爱生命，热爱自然。

中高年级：以校园劳动和家庭劳动为主要内容开展劳动教育，体会劳动光荣，尊重普通劳动者，初步养成热爱劳动、热爱生活的态度。指导学生：（1）参与家居清洁、收纳整理，制作简单的家常餐等，每年学会1–2项生活技能，增强生活自理能力和勤俭节约意识，培养家庭责任感；（2）参加校园卫生保洁、垃圾分类处理、绿化美化等，适当参加社区环保、公共卫生等力所能及的公益劳动，增强公共服务意识；（3）初步体验种植、养殖、手工制作等简单的生产劳动，初步学会与他人合作劳动，懂得生活用品、食品来之不易，珍惜劳动成果。

2. 初中

兼顾家政学习、校内外生产劳动、服务性劳动，安排劳动教育内容，开展职业启蒙教育，体会劳动创造美好生活，养成认真负责、吃苦耐劳的劳动品质和安全意识，增强公共服务意识和担当精神。让学生：（1）承担一定的家庭日常清洁、烹饪、家居美化等劳动，进一步培养生活自理能力和习惯，增强家庭责任任意识；（2）定期开展校园包干区域保洁和美化，以及助残、敬老、扶弱等服务性劳动，初步形成对学校、社区负责任的态度和社会公德意识；（3）适当体验包括金工、木工、电工、陶艺、布艺等项目在内的劳动及传统工艺制作过程，尝试家用器具、家具、电器的简单修理，参与种植、养殖等生产活动，学习相关技术，获得初步的职业体验，形成初步的生涯规划意识。

3. 普通高中

注重围绕丰富职业体验，开展服务性劳动和生产劳动，理解劳动创造价值，接受锻炼、磨炼意志，具有劳动自立意识和主动服务他人、服务社会的情怀。指导学生：（1）持续开展日常生活劳动，增强生活自理能力，固化良好劳动习惯；（2）选择服务性岗位，经历真实的岗位工作过程，获得真切的职业体验，培养职业兴趣；积极参加大型赛事、社区建设、环境保护等公益活动、志愿服务，强化社会责任意识和奉献精神；（3）统筹劳动教育与通用技术课程相关内容，从工业、农业、现代服务业以及中华优秀传统文化特色项目中，自主选择1—2项生产劳动，经历完整的实践过程，提高创意物化能力，养成吃苦耐劳、精益求精的品质，增强生涯规划的意识和能力。

4. 职业院校

重点结合专业特点，增强职业荣誉感和责任感，提高职业劳动技能水平，培育积极向上的劳动精神和认真负责的劳动态度。组织学生：（1）持续开展日常生活劳动，自我管理生活，提高劳动自立自强的意识和能力；（2）定期开展校内外公益服务性劳动，做好校园环境秩序维护，运用专业技能为社会、为他人提供相关公益服务，培育社会公德，厚植爱国爱民的情怀；（3）依托实习实训，参与真实的生产劳动和服务性劳动，增强职业认同感和劳动自豪感，提升创意物化能力，培育不断探索、精益求精、追求卓越的工匠精神和爱岗敬业的劳动态度，坚信“三百六十行，行行出状元”，体认劳动不分贵贱，任何职业都很光荣，都能出彩。

5. 普通高等学校

强化马克思主义劳动观教育，注重围绕创新创业，结合学科专业开展生产劳动和服务性劳动，积累职业经验，培育创造性劳动能力和诚实守信的合法劳动意识。使学生：（1）掌握通用劳动科学知识，深刻理解马克思主义劳动观和社会主义劳动关系，树立正确的择业就业创业观，具有到艰苦地区和行业工作的奋斗精神；（2）巩固良好日常生活劳动习惯，自觉做好宿舍卫生保洁，独立处理个人生活事务，积极参加勤工助学活动，提高劳动自立自强能力；（3）强化服务性劳动，自觉参与教室、食堂、校园场所的卫生保洁、绿化美化和管理服务等，结合“三支一扶”、大学生志愿服务西部计划、“青年红色筑梦之旅”“三下乡”

等社会实践活动开展服务性劳动，强化公共服务意识和面对重大疫情、灾害等危机主动作为的奉献精神；（4）重视生产劳动锻炼，积极参加实习实训、专业服务和创新创业活动，重视新知识、新技术、新工艺、新方法的运用，提高在生产实践中发现问题和创造性解决问题的能力，在动手实践的过程中创造有价值的物化劳动成果。

三、劳动教育途径、关键环节和评价

（一）劳动教育途径

将劳动教育纳入人才培养全过程，丰富、拓展劳动教育实施途径。

1. 独立开设劳动教育必修课

在大中小学设立劳动教育必修课程。中小学劳动教育课平均每周不少于1课时，用于活动策划、技能指导、练习实践、总结交流等，与通用技术和地方课程、校本课程等有关内容进行必要统筹。职业院校开设劳动专题教育必修课，不少于16学时；主要围绕劳动精神、劳模精神、工匠精神、劳动组织、劳动安全和劳动法规等方面设计。普通高等学校要将劳动教育纳入专业人才培养方案，明确主要依托的课程，可在已有课程中专设劳动教育模块，也可专门开设劳动专题教育必修课，本科阶段不少于32学时；课程内容应加强马克思主义劳动观教育，普及与学生职业发展密切相关的通用劳动科学知识，并经历必要的实践体验。

2. 在学科专业中有机渗透劳动教育

中小学道德与法治（思想政治）、语文、历史、艺术等学科要有重点地纳入劳动创造人本身、劳动创造历史、劳动创造世界、劳动不分贵贱等马克思主义劳动观，纳入歌颂劳模、歌颂普通劳动者的选文选材，纳入阐释勤劳、节俭、艰苦奋斗等中华民族优良传统的内容，加强对学生辛勤劳动、诚实劳动、合法劳动等方面的教育。数学、科学、地理、技术、体育与健康等学科要注重培养学生劳动的科学态度、规范意识、效率观念和创新精神。

职业院校要将劳动教育全面融入公共基础课，要强化马克思主义劳动观、劳动安全、劳动法规教育。专业课在进行职业劳动知识技能教学的同时，注重培养“干一行爱一行”的敬业精神，吃苦耐劳、团结合作、严谨细致的工作态度。

普通高等学校要将劳动教育有机纳入专业教育、创新创业教育，不断深化产教融合，强化劳动锻炼要求，加强高等学校与行业骨干企业、高新企业、中小微企业紧密协同，推动人才培养模式改革。专业类课程主要与服务学习、实习实训、科学实验、社会实践、毕业设计等相结合开展各类劳动实践，注重分析相关劳动形态发展趋势，强化劳动品质培养。在公共必修课中，要进一步强化马克思主义劳动观教育、劳动相关法律法规与政策教育。

3. 在课外校外活动中安排劳动实践

将劳动教育与学生的个人生活、校园生活和社会生活有机结合起来，丰富劳动体验，提高劳动能力，深化对劳动价值的理解。

中小学每周课外活动和家庭生活中劳动时间，小学 1 至 2 年级不少于 2 小时，其他年级不少于 3 小时；职业院校和普通高等学校要明确生活中的劳动事项和时间，纳入学生日常管理工作。

大中小学每学年设立劳动周，采用专题讲座、主题演讲、劳动技能竞赛、劳动成果展示、劳动项目实践等形式进行。小学以校内为主，小学高年级可适当安排部分校外劳动；普通中学、职业院校和普通高等学校兼顾校内外，可在学年内或寒暑假安排，以集体劳动为主，由学校组织实施。高等学校也可安排劳动月，集中落实各学年劳动周要求。

4. 在校园文化建设中强化劳动文化

学校要将劳动习惯、劳动品质的养成教育融入校园文化建设之中。要通过制定劳动公约、每日劳动常规、学期劳动任务单，采取与劳动教育有关的兴趣小组、社团等组织形式，结合植树节、学雷锋纪念日、五一劳动节、农民丰收节、志愿者日等，开展丰富的劳动主题教育活动，营造劳动光荣、创造伟大的校园文化。

要举办“劳模大讲堂”“大国工匠进校园”、优秀毕业生报告会等劳动榜样人物进校园活动，组织劳动技能和劳动成果展示，综合运用讲座、宣传栏、新媒体等，广泛宣传劳动榜样人物事迹，特别是身边的普通劳动者事迹，让师生在校园里近距离接触劳动模范，聆听劳模故事，观摩精湛技艺，感受并领悟勤勉敬业的劳动精神，争做新时代的奋斗者。

（二）劳动教育关键环节

各地和学校要注重围绕劳动教育的目标和内容要求，从提高劳动教育的效果出发，把握劳动教育任务的特点，抓住关键环节，选择适宜的劳动教育方式。

1. 讲解说明。围绕劳动为什么、是什么问题，有重点地进行讲解，让学生懂得劳动的意义和价值。加强劳动观念、劳动纪律、劳动相关法律法规的正面引导，指明轻视劳动特别是轻视普通劳动的危害，让学生明辨是非。加强劳动知识技能的讲解，让学生认清事理，掌握实践操作的基本原理、程序、规则，正确使用工具的方法和技术。讲解要与启发思考、示范、练习等结合起来。

2. 淬炼操作。围绕如何做的问题，注重示范与练习，让学生会劳动。强化规范意识，注重从最基本的程序学起，严守规则，避免主观随意。强化质量意识，注重引导学生关注细节，每个步骤、环节都要精准到位。强化专注品质，注重引导学生对操作行为的评估与监控，做到眼到手到心到，有始有终。

3. 项目实践。围绕劳动能力的培养，让学生完成真实、综合任务，经历完整劳动过程。注重劳动价值体认，引导学生从现实生活中发现需求，选择和确定劳动项目。强化规划设计意识，充分发挥学生的主动性、积极性、创造性，引导学生对项目实践进行整体构思，综合运用所学知识、技术，不断优化行动方案。强化身体力行，锤炼意志品质，敢于在困难与挑战中完成行动任务。

4. 反思交流。围绕劳动价值意义的建构，引导学生总结、交流，促进学生形成反思交流习惯。指导学生思考劳动过程和结果与社会进步、个体成长的关联，避免停留在简单的苦乐体验上。组织学生交流分享劳动的体验和收获，肯定具有积极意义的认识，纠正观念上的偏差。将反思交流与改进结合起来，使学生在劳动中获得成长。

5. 榜样激励。围绕劳动的精神追求，树立典型，激发劳动热情。注意遴选、树立多类型榜样，不仅要有大国工匠、劳动模范，还要有身边劳动表现优异的普通劳动者和同学。指导学生从榜样的具体事迹中领悟他们的高尚精神和优良品质。明确要求学生在日常劳动实践中努力向榜样看齐。

（三）劳动教育评价

将劳动素养纳入学生综合素质评价体系。以劳动教育目标、内容要求为依据，将过程性评价和结果性评价结合起来，健全和完善学生劳动素养评价标准、程序和方法，鼓励、支持各地利用大数据、云平台、物联网等现代信息技术手段，开展劳动教育过程监测与记实评价，发挥评价的育人导向和反馈改进功能。

1. 平时表现评价

要在平时劳动教育实践活动中及时进行评价，以评价促进学生发展。要覆盖各类型劳动教育活动，明确学年劳动实践类型、次数、时间等考核要求。关注学生在劳动教育活动中的实际表现，注重从行为表现中分析把握劳动观念形成情况。以自我评价为主，辅以教师、同伴、家长、服务对象、用人单位等他评方式，指导学生进行反思改进。要指导学生如实记录劳动教育活动情况，收集整理相关制品、作品等，选择代表性的写实记录，纳入综合素质档案，作为学生学年评优评先的重要参考。

2. 学段综合评价

学段结束时，要依据学段目标和内容，结合综合素质档案分析，兼顾必修课学习和课外劳动实践，对劳动观念、劳动能力、劳动精神、劳动习惯和品质等劳动素养发展状况进行综合评定。建立诚信机制，实行写实记录抽查制度，对弄虚作假者在评优评先方面一票否决，性质严重的应依法依规严肃处理。在高中和大学开展志愿者星级认证。高中学校和高等学校要将考核结果作为毕业依据之一。推动将学段综合评价结果作为学生升学、就业的重要参考。

3. 开展学生劳动素养监测

将学生劳动素养监测纳入基础教育质量监测、职业院校教学质量评估和普通高等学校本科教学质量评估。可委托有关专业机构，定期组织开展关于学生劳动素养状况调查，注重学生劳动观念、劳动能力、劳动精神、劳动习惯和品质等的监测。发挥监测结果的示范引导、反馈改进等功能。

四、学校劳动教育的规划与实施

（一）整体规划劳动教育

学校是劳动教育的实施主体，应根据国家相关规定，结合当地和本校实际情况，对劳动教育进行整体设计、系统规划，形成劳动教育总体实施方案。方案要明确劳动教育目标内容、课时安排、主要劳动实践活动安排、劳动教育过程组织与指导及考核评价办法等。同时要基于学生的年段特征、阶段性教育要求，研究制定“学校学年（或学期）劳动教育计划”，对学年、学期劳动教育实践活动作出具体安排，特别是规划好劳动周等集中劳动，细化有关要求。使总体实施方案和学年（或学期）活动计划相互配套、衔接，形成可持续开展的劳动教育实施方案。

学校在劳动教育规划时要注意处理以下几个方面的关系：

1. 理论学习和实践锻炼的关系

理论学习和实践锻炼都是劳动教育的必要内容。理论学习重在让学生理解和掌握“劳动创造了人本身”“劳动创造世界”等历史唯物主义基本理论主张以及劳动相关法律、法规、政策，作为行动的指南。实践锻炼重在将所学知识转化为真正有用的实际本领，形成良好的劳动习惯，弘扬劳动精神。规划劳动教育时，要两者兼顾，坚持以实践锻炼为主，切实保证每一个学生都有必要的劳动实践经历，不能只是口头上喊劳动、课堂上讲劳动。要通过学生实践前的计划构想、实践中的观察思考和实践后的反思交流，加深对有关思想理论、法规政策的理解，实现理论学习和实践锻炼的统一。

2. 劳动教育与其他教育活动的关系

在开足专门劳动教育必修课的同时，中小学劳动教育必修课实践环节中与综合实践活动的社会服务、设计制作、职业体验重叠部分，可整合实施。职业院校、普通高等学校劳动教育中学生生产劳动和服务性劳动可以通过专业实习、实训、创新创业等实践环节完成，日常生活劳动可以通过学生管理落实。

3. 劳动的传统形态与新形态的关系

将日常生活劳动教育贯穿大中小学始终。在安排生产劳动和服务性劳动项目时，中小学要以使用传统工具、传统工艺的劳动为主，引导学生体会劳动人民的艰辛与智慧，传承中华优秀传统文化，兼顾使用新知识、新技术、新工艺、新方法的劳动。职业院校、普通高等学校要注重结合产业新业态、劳动新形态，选择现代农业、工业、服务业项目，提升创造性劳动能力。

（二）劳动教育的组织实施

1. 实施机构和人员

学校要建立健全劳动教育组织实施的工作机制。明确主管校领导，设置机构或明确相关部门负责劳动教育的规划设计、组织协调、资源整合、师资培训、过程管理、总结评价等。

要建立专兼职相结合的劳动教育教师队伍。根据学校劳动教育需要，明确劳动教育责任人，进行劳动教育规划、组织实施、评价等，配齐劳动教育必修课教师，保持教师队伍的相对稳定性。要充分发挥教职员工特别是班主任、辅导员、导师的作用，利用少先队、共青团、党组织以及学生社团等各方面的力量，合力开展劳动教育实践活动。充分利用家长及当地人力资源，聘请相关行业专业人士担任劳动实践指导教师。

2. 劳动安全风险防范与管理

学校要把劳动安全教育与管理作为组织实施的必要内容，强化劳动安全意识，建立健全安全教育与管理并重的劳动安全保障体系。

要依据学生身心发育情况，适度安排劳动强度、时长，切实关注劳动任务及场所设施的适宜性。科学评估劳动实践活动的安全风险，认真排查、清除学生劳动实践中的各种隐患。在场所设施选择、材料选用、工具设备和防护用品使用、活动流程等方面制定安全、科学操作规范，强化劳动过程每个岗位的管理，明确各方责任，防患于未然。制定劳动实践活动风险防控预案，完善应急与事故处理机制。要特别关注劳动过程中的卫生隐患，按照疾控、卫生健康部门及行业有关规定，采取相应措施，切实保护学生的身心健康。鼓励购买劳动教育相关保险。

3. 建立协同实施机制

中小学要推动建立以学校为主导、家庭为基础、社区为依托的协同实施机制，形成共育合力。学校要通过家长会、家长学校、社区宣讲、网络媒体等途径，引导家长树立正确的劳动观；明确家长的劳动教育责任，让家长主动指导和督促孩子完成家庭、社区劳动任务；学校要与相关社会实践基地共同开发并实施劳动教育课程。

职业院校、普通高等学校要建立学校负责规划设计，行业企业社会机构主要负责业务指导，双方共同管理的劳动教育实施机制。通过建立劳模工作室、技能大师工作室，设置荣誉教师、实务导师岗位等，多渠道引入社会力量参与学校劳动教育。要联合社会力量，共建共享稳定的劳动实践基地、校外实习实训基地、各类型创新创业孵化平台，多渠道拓展劳动实践场所。

五、劳动教育条件保障与专业支持

地方教育行政部门要切实加强对劳动教育工作的组织领导，明确机构和人员承担区域推进劳动教育的职责任务，切实加强条件保障、专业支持和督导评估，整体提高大中小学劳动教育质量和水平。

（一）条件建设

1. 丰富和拓展劳动实践场所

地方教育行政部门要统筹规划和配置劳动教育实践资源，满足学校多样化劳动实践需求。充分利用现有综合实践基地、青少年校外活动场所、职业院校和普通高等学校劳动实践场所，建立健全开放共享机制，特别是充分利用职业院校实训实习场所、设施设备，为普通中小学和普通高等学校提供所需要的服务。可安排一批土地、山林、草场等作为学农实践基地，确认一批厂矿企业作为学工实践基地，认定一批城乡社区、福利院、医院、博物馆、科技馆、图书馆等事业单位、社会机构、公共场所作为服务性劳动基地。推动学校充分利用校内学习、生活有关场所，逐步建好配齐劳动技术实践教室、实训基地，丰富劳动教育资源。

2. 加强师资队伍建设

要明确劳动课教师管理要求，保障劳动课教师在绩效考核、职称评聘、评先评优、专业发展等方面与其他专任教师享受同等待遇。推动中小学、职业院校与普通高等学校建立师资交流共享机制，发挥职业院校教师的专业优势，承担普通学校劳动教育教学任务。建立劳动课教师特聘制度，为学校聘请具有实践经验的社会专业技术人员、劳动模范等担任兼职教师创造条件。

高等学校要加强劳动教育师资培养，有条件的院校开设劳动教育相关专业。把劳动教育纳入教育行政干部、校长、教师、辅导员培训内容，开展全员培训，强化劳动意识、劳动观念，提升劳动教育的自觉性。对承担劳动教育课程的教师进行专项培训，提高劳动育人意识和专业化水平。

3. 健全经费投入机制

各地要统筹中央补助资金和自有财力，多种形式筹措资金，加快建设校内劳动教育场所和校外劳动教育实践基地，加强学校劳动教育设施建设，建立学校劳动教育器材、耗材补充机制。学校可按照规定统筹安排公用经费等资金开展劳动教育，可采取政府购买服务方式，吸引社会力量提供劳动教育服务。

（二）加强专业研究和指导

1. 加强劳动教育研究与指导

在全国教育科学规划、教育部人文社会科学研究项目中支持劳动教育研究。

地方教育行政部门鼓励和支持相关机构设立劳动教育研究项目。设立一批试验区或试验学校，注重开展跟踪研究、行动研究。举办论坛讲座，营造良好学术氛围。

各级中小学教研机构要配备劳动教育教研员，组织开展专题教研、区域教研、网络教研，通过协同创新、校际联动、区域推进，提高劳动教育整体实施水平。鼓励高等学校依托有关专业机构开展劳动教育教学研究。

2. 组织开展劳动教育课程资源研发

基于劳动教育教学的实际需要，省级教育行政部门明确中小学劳动实践指导手册编写要求，体现“一纲多本”，满足不同地区学校的多样化需求，负责组织审查。职业院校可组织编写劳动精神、劳模精神、工匠精神专题读本，由编写院校或委托专业机构进行审查。鼓励学校、学术团体、专业机构等收集整理反映劳动先进人物事迹和精神的影视资料，组织研发展示劳动过程、劳动安全要求的数字资源，梳理遴选来自教学一线的典型案例和鲜活经验，形成分学段、分专题的劳动教育课程资源包，促进优质资源的共享与使用。

（三）督导评估与激励

1. 加强对学校劳动教育实施情况的督查

把劳动教育纳入教育督导体系，完善督导办法。对地方各级人民政府和有关部门保障劳动教育情况进行督导。对学校劳动教育开课率、学生劳动实践组织的有序性，教学指导的针对性，保障措施的有效性等进行督查和指导。督导结果要向社会公开，作为衡量区域教育质量和水平的重要指标，作为对被督导部门和学校及其主要负责人考核奖惩的依据。

2. 建立健全劳动教育激励机制

在国家级、省级教学成果奖励中，将劳动教育教学成果纳入评奖范围，对优秀成果予以奖励。依托有关专业组织、教科研机构等开展劳动教育经验交流和成果展示活动，激发广大教师实践创新的潜能和动力。积极协调新闻媒体传播劳动光荣、创造伟大思想，大力宣传劳动教育先进学校、先进个人。

后　记

2020年，是非常特殊的一年，新冠肺炎疫情肆虐全球！在“居家抗疫”的上半年，“五一”节期间，刚刚完成我的国家社会科学基金专著《社会治理视角下的工会社会协同能力评估研究》书稿。今天，我打开电脑，又要写一篇后记，尤其感慨。

记得2016年召开的一次学科建设协调领导小组会上，刘向兵校长提出“当前劳动+学科已成为显学”的重大命题。我心中就萌生一个问题：如何论证“劳动+学科已经是显学”？于是我就结合中央高校建设世界一流大学（学科）和特色发展引导专项资金项目“新工科视域下的安全科学与工程特色专业建设项目”的前期研究成果“基于知识图谱的安全科学与工程研究趋势特征分析”（该篇论文发表在CSSCI源期刊《风险灾害危机研究》2019年01期上），从大数据分析的视角，客观分析了安全科学与工程一级学科的发展趋势与特征，这一下给了我启发。如何进行劳动+学科的知识图谱分析呢？于是我就买了《安全科学与工程学科发展战略研究报告（2015～2030）》这本书，认真学习、研究安全科学与工程学科的发展脉络。受其启发，2017年与基础部（现应用技术学院）周淑秋教授联合发起成立了“大数据与安全研究所”，着手劳动+学科的大数据分析。在研究中遇到的问题是依据什么标准确定众多“劳动+学科”的边界？课题团队经过文献调研和数次研讨，最后确定使用《中图法》（第四版）作为依据。当数据结果出来的时候，又一个问题接踵而来：用什么标准去评判“劳动+学科”的显学特征呢？这是课题团队遇到的第三个问题，课题组经过反复论证，提出权威机构、核心文献、基金引用三维度分析准则，科学地论证了“劳动+学科”的显学特征。2019年5月10日上午，学校召开“加强新时代劳动科学学科建设”研讨会，我以“基于知识图谱的‘劳动+学科’显性特征可视化分析”为题，报告了目前国内劳动科学学科建设与发展趋势，分析了“劳动+学科”显学特征的科学依据。会上，刘向兵书记提出，能不能结合70年校庆，认真总结与梳理我校“劳动+学科”知名学者排行榜？带着这一重要任务，我与团队成员商量：如何开展“劳动+学科”知名学者排行榜？于是课题组进行了第四次攻关，提出“劳动+学科”知名学者排行榜（初稿），但是考虑到课题组初次开展排行榜研究，数据来源和方法没有经过严格的专家论证如何体现科学性、权威性？于是课题组委托第三方——长安大学中国人文社会科学评价研究中心重新进行数据采集，并提出了初评结果。课题组对比之前的相关数据，结果基本一致。于是将排行榜报告专题汇报给刘向兵书记，2019 年 9 月 26 日刘向兵书记亲自主持召开“劳动+学科”知名学者排行榜专家研讨会。会后根据专家的建议补充修改了相关内容，形成“劳动+学科”知名学者排行榜正式报告，于 2019 年 10 月 10 日在中国劳动关系学院建校 70 周年正式向社会发布，产生了良好的社会影响。在刘向兵书记的关心支持下，课题团队与学院同仁一道，经过 4 年多的反复研讨打磨，形成了此书稿。

经历了“劳动学科显学之问”的科研尝试，在探索中形成的问题意识迫使科研团队停不下探索的脚步。2019 年 12 月成立了劳动教育安全科研团队（颜峻、杨鑫刚、王永柱、许素睿、张博思），截至目前，课题团队已开展《大中小学劳动教育安全指南手册》编写、《劳动教育基地安全评价指标》和《劳动教育督导评价指标》研发，特别希望通过科研攻关继续对劳动+学科的研究进行积极探索。

在此特别感谢刘向兵书记的“劳动学科显学之问”，感谢科研处处长燕晓飞教授、张楠副处长的资助支持，感谢安全工程学院长孟燕华教授的大力支持。特别感谢课题团队杨鑫刚、石晶老师的辛苦付出，感谢我的学生郑婉婷、戴彩岩、石欣莱、周庄红、陈乐蓓和宋云飞在数据采集与图片处理方面的贡献。感谢长安大学中国人文社会科学评价研究中心刘兰剑教授及其科研团队的鼎力帮助和真诚合作。感谢我的爱人张立娟和两个可爱的女儿任晓齐、任晓懿在四年科研攻关中的快乐陪伴！值此专著出版之际，特别感谢科学出版社李晓娟博士的宝贵意见和辛苦雅正。感谢广大读者和参考资料作者的批评指正，您的宝贵意见可发至邮箱：renguoyou@ culr. edu. cn。

最后，“劳动学科显学之问”的潜心探索记录了我四年难忘的科研经历，特此分享，是为后记。

任国友

2021 年 3 月 5 日于北京中关村